김영록's PROPOSE

김영록's PROPOSE
지역화폐와 지역경제

지은이	김영록
펴낸곳	카이로스
펴낸이	서정현
편집자	서정현
디자인	김영진
주소	서울 서초구 서초중앙로 56, 8층 824호
전화	02-558-8060
전자우편	suh310@hanmail.net
초판 1쇄 펴낸 날	2018년 1월 24일 발행
ISBN	979-11-962088-2-0 (03300)

김영록's
PROPOSE

김영록 지음

차라리 지역만의 은행이 있다면? 그래서 지역만의 새로운 금융시스템을 마련한다면? 이로써 지역에서 발행하는 화폐가 국가가 찍어내는 중앙 법정화폐로 교환되는 것이 보장되면서 다른 물품과 교환되고 가치를 가질 수 있다면? 그리고 만들어진 지역화폐가 지역에서 신용화폐의 지위를 획득할 수 있다면?

CHAPTER 1   중앙에서 찍는 돈이
행복을 보장해주지 않는 시대

CHAPTER 2   지역화폐가 저성장 자본주의
시스템을 개혁한다

차례

CHAPTER 3 지역화폐 확산을 위한
8가지 제안

CHAPTER 4 전문가들이 바라보는
우리 경제

CHAPTER 5   유토피아는 없다,
현실에서 실현 가능한 모델로

APPENDIX   우리민족 이사장 취임 인터뷰

단언컨대 게임은 끝났다!

평범한 사람이 돈을 가지고 승부를 겨루려 한다면 그건 무모한 일일 것이다. 이것은 21세기 금융자본주의를 살아가는 사람들의 숙명이다. 한국은행이 발행하는 원화와 다르게, 세계적 기축통화인 달러, 유로, 엔화는 자국민의 이익을 위해 무한 발행되고 있다. 금융시장에서 핫머니로 들어오고 나가면서 여러분들이 가진 원화가치를 순간 바꿔버리는 것이다.

최근 사드 국내배치로 경제보복을 하는 중국이 통화스와프, 즉 우리에게 수십조 원의 위안화 마이너스 계좌를 만들어주는 협정을 왜 연장하였겠는가. 물론 우리나라를 위해서도 아니고, 2017년 9월 현재 우리나라가 보유하고 있는 3,800억 달러가 있어서도 아니다. 다만, 미국이 일본만 인정하고 중국은 인정하지 않는 위안화 양적 완화, 바로 자국 통화 세계화 확대전략 목적 때문이다. 역시 국내 대기업과 수많은 자본가들은 국내외 홍콩항셍, 미국 다우존스, 나스닥, 국내외 선물거래소를 통해 우리가 잠든 사이에도 수천억 원의 자본을 이동하고 확충하고 있다.

또한 달러의 불안전성이 야기한 인터넷 기반의 새로운 가상화폐 비트코인의 등장이다. 만약 이들이 법정화폐와 같은 권위를 갖게 되면 먼저 들어간 사람과 나중 들어간 사람의 차이는 자전거와 자동차의 대결 그 이상이 될 것이다. 중앙정부도 고민하는 것이지만 가상화폐가 빠른 속도로 급성장한다면 신자본주의보다 더 무서운 예측불가능한 신세계를 만들 것이라는 우려도 있다.

이러한 상황에서 일반 시민이 이들과 게임을 하려 하는 것은 연목구어(緣木求魚)일 수 있다. 우리는 오늘 주식시황이 좋아 설령 수억 원을 벌었다고 해도 내일은 마이너스로 돌아가기 쉬운 금융자본주의 시스템에서 살아가고 있다. 분명한 것은 향후 카카오페이, 삼성페이와 같이 화폐를 창조할 수 있는 대자본가들이 비 온 뒤 죽순처럼 많아질 것이라는 이야기다.

문제는 내 의지와는 상관없이 상대적으로 돈이 없어 삶의 행복 수치가 떨어지고, 인구와 산업 면에서 타 지역과 비교하여 기울어진 운동장 같은 우리 지역. 더구나 향후 비수도권 지방자치단체는 지방세와 세외수입인 자체재원이 부족해 더욱더 어려워질 전망이다.

결국 지방자치와 재정분권을 강조하는 문재인 정부에서 매칭(matching) 재원 부족으로 복지는 물론 4차 산업혁명을 준비하는 어떠한 사업도 진행할 수 없는 형국에 이를 것이다. 그래서 말인데, 만약 지역만의 재원이 있다면?

차라리 지역만의 은행이 있다면?

그래서 지역만의 새로운 금융시스템을 마련한다면?

이로써 지역에서 발행하는 화폐가 국가가 찍어내는 중앙법정화폐로 교환될 수 있다는 것이 보장되면서 다른 물품과 교환되고 가치를 가질 수 있다면?

그리고 만들어진 지역화폐가 지역에서 신용화폐의 지위를 획득할 수 있다면?

그 방법을 나는 이 책을 통해서 말하고자 한다. 처음에는 화폐의 국제적인 문제에서부터 출발했다. 이후 사회와 지역적 관점에서 보게 되었다. 정치 권력은 물론 금융자본 권력도 녹록지 않은 우리 지역의 경우 꼭 필요한 지역화폐를 여러분에게 소개하고자 한다. 만약 이 책을 숙지하고 행동으로 옮겨, 지방자치단체와 민간이 어우러진 새로운 금융제도가 창조된다면 서민경제 주체인 여러분들의 삶이 개선될 수 있고 돈으로부터 자유로워질 듯하다. 그리고 그 결과는 정의로울 것이다. 중앙정부에서 돈을 내려주기만 기다리지 않고, 지역의 돈으로 일자리와 복지사업을 해결해 더 이상 지역차별 따위의 자조 섞인 단어를 말하지 않을 수 있지 않겠는가. 이 책이 우리 지역의 새로운 길, 즉 사는 길이 되기를 바란다.

끝으로 돈 金 영원할 永 기록할 錄, '돈을 영원히 기록하도록' 하는 이름으로 세무회계전문가, 금융전문가, 예산전문가 및 지방재정전문가 등 여러 가지 사명을 주신 故 김자, 우자, 석자 아버님 그리고 매일 새벽 중보기도로 나에게 은혜를 주시는 어머니 채말순 권사께 감사의 말씀을 올린다. 그리고 묵묵히 지켜봐 주는 나의 사랑하는 가족 신미화, 김나연, 김가은에게도 고마움을 전한다.

2018년 무엇이든 술술 풀리는 무술년 새해 벽두에

김영록

CHAPTER 1

중앙에서 찍는 돈이
행복을 보장해주지 않는 시대

차별은 도대체 어디서 어디로 가고 오는 것일까? 권력과 돈이다. 권력을 가진 사람들이 세력을 유지하기 위해서 예산을 가져가고 그 과정에서 희생양이 발생하는 것은 당연한 일이다. 비단 이런 희생양이 호남에 국한되는 것은 아니다. 모든 대한민국 전 지역에 해당된다. 다만 뚜렷하게도 호남이 두드러질 뿐이다.

당신 지갑에
중앙은행 돈이 없다면

함평의 유일한 항구이고 광주 광산구에서 가장 가까운 바닷가, 주포(酒浦)를 풀이하면 술항개다. 빨리 말했을 때 들리는 말로 '수랑개'의 논 한 평도 없는 집에서, 매주 사야 했던 쌀 한 되. 그것은 어머니가 가장이신 아버지의 자존심을 살려주기 위해 밥그릇 위에 일주일 동안 조금씩 놓아드릴 수 있는 양이었다.

"셋째야, 가게에 가서 쌀 한 되 팔아와라!"

초등학교 시절, 어머니는 나에게 쌀 사오라는 말씀을 꼭 이렇게 하셨다. '쌀 사오라는 것이 아니고 쌀 팔아오라.'는 것이었다. 당시 쌀집에는 나보다 한 살 어린 예쁜 여자아이가 있어 '쌀 한 되 팔아오라.'는 심부름은 창피하고 고역스러운 일이었다.

그런데 최근 지역화폐 관련 책을 쓰면서 나는 어머니 말씀을 되새김하게 되었다. 어머니는 쌀 사오라는 말 대신에 왜? '쌀 팔아오라 했을까'이다. 생각에 생각을 거듭한 후 이러한 말은 바로 과거부터 내려온 농업교환경제의 전통이 담긴 말임을 깨달았다. '셋째야, 가게에 가서 집에 있는 것 팔고 쌀 한 되 사와라!'고.

어머니의 말씀은 적당한 주어와 동사, 주체와 객체가 바뀌고 생략된 것이었다. 과거 원시 시절부터 거슬러 올라가 수렵과 농사 등으로 잡거나 채취한 무엇인가를 팔고 필요한 물건을 사오는 교환경제 생활이 담겨 있는 것이다. 이제부터 그렇게 필요하고 없으면 불편함을 떠나 삶에도 영향을 미치는 법정화폐와 파생되는 문제점, 그 대안에 관해 얘기하고자 한다.

자본주의 및 시장경제, 우리가 사는 세상에서 가장 많이 듣는 단어는 '돈'이다. 이것이 얼마나 있느냐에 따라 자본주의 사회는 물론 지구상의 마지막 사회주의 체제인 북한에서조차도 사람의 가치가 달라지고 운명이 달라진다. 중국 속담에 '돈만 있으면 귀신에게도 연자방아를 돌리게 한다(錢讓鬼神推磨).'라는 말이 있다. 실존이 의심되는 귀신도 돈을 좋아한다는 뜻이다.

그만큼 돈이라는 것이 오랜 세월 동안 우리 곁에서 뿌리박혀 온 인류의 역사이자, 오늘 하루하루 일상의 구심점 중 하나라는 것은 부인할 수 없다. 세계 4대 성인으로 불리는 공자님 역시 '돈을 벌 수 있다면 말채찍이라도 잡겠다.'란 말을 하여 돈에 쪼들린 궁핍함을 제자들에게 일갈했다.

이렇듯 동서고금을 막론하고 돈을 중심으로 대부분의 일이 이루어지는 사회에서 그 중요함은 이루 말할 수가 없다. 현대사회에서 이 돈은 국가가 주도해서 발행하고 국제시장에서 그 가치를 평가해 가격을 매긴다. 돈도 다 같지 않아 국가 간 힘이나 경제적 역학 관계로 가격이 생기는 것이다. 이 글의 초고를 쓰는 시간, 2017년 10월 13일 14시 40분 현재 '1,129.6원=1달러' 이런 식으로 말이다.

지금부터 이렇게 가격이 매겨진 돈에 관해 이야기할 예정이다. 물론 돈의 개념을 바꾸거나, 돈을 많이 벌 수 있는 테크닉을 알려주는 것은 아니다. 다만 여기서 말하고자 하는 것은 '매년 수천조 원의 돈이 돈다고 하는데, 우리 집과 우리 지역은 왜 돈이 없다고 하는 것일까?'란 질문과 '지역이 자생적으로 돈이나 재화를 벌어들일 수 있는 방법엔 무엇이 있을까?'라는 질문을 가지고 오래도록 고민하다가 내린 그 답을 여기에 쓰려는 것이다. 즉, 이 책에서의 돈과 지역은 목적어이기도 하고 주어이기도 하다.

나는 광주광역시 광산구 지역에서 살고 있고 또 중소상공인의 회계와 세무대리인인 세무사를 하고 있다. 그래서 돈이 '돈'이라는 단순 개념이 아니라 지역을 움직이고 발전시키는 '자본' 즉 하나의 매개체라고 생각한다. 사실 지역을 움직이고 발전시키는 데는 많은 요소가 필요하다. 하지만 평소 존경하는 김진표, 백재현, 이개호, 박광온 국회의원과 같은 국가적인 인재나 정치가들에게 그 리더의 신념 등이 고루 갖춰져 있다 해도 지역을 움직일 동력, 돈! 즉 예산이 따라주지 않는다면 난감할 것이다.

이명박·박근혜 정부 기간 동안 우리 지역은 철저하게 정부 예산 지원이 소외되었으니 광주의 현재를 바라보더라도 10년 전이나 지금이나 다를 바 없음을 모두가 알 것이다. 그동안 바람길을 막고 아름다운 무등산을 가리는 아파트와 오피스텔만 늘어났을 뿐이다. 참으로 안타까운 것은 이러한 상황을 방치한 것은 지방정부와 의회 그리고 헌법 제117조 '법령의 범위 안에서만 자치에 관한 규정을 제정할 수 있다.'는 절름발이 지방자치의 한계 때문이기도 하다.

　나는 회의와 업무차 광주와 서울을 한 달이면 여러 번 오가면서 이런 현실을 피부로 뼈저리게 느낀다. 돈! 예산의 차이가 지역 경제력의 차이로 이어지고, 5년마다 권력에 눌린 지역은 중앙정부에 매달린다. 시키는 대로 하고 또 따라가야만 한다. 어쩔 수 없는 것이 국세인 세금이 걷혀 중앙정부로 가면 그것을 지방교부세, 조정교부금 및 교부금으로 배분하고 많은 부분이 중앙권력의 힘에 의해 좌지우지되기 때문이다.

　하지만 한 가지! 지역에서 걷은 돈을 지역에서 쓰는 경우가 있다. 바로 지방세다. 국세와 달리 지방세는 지방자치단체가 해당 자치단체의 재정수요를 충당하기 위하여 주민에게 부과하고 징수하는 조세이다. 이론서에 나온 정의로 풀어보자면, '지방세는 지방자치단체에 의하여 부과·징수되며 당해 지방자치단체의 재정수요에 충당된다는 점에서, 국세(國稅)가 국가에 의하여 부과되고 징수되어 국가의 재정수요에 충당되는 것과 다르다.'고 규정되어 있다.

　나는 1988년도에 세무대학을 졸업하고 재무부로 발령받아 곧장 광주지방국세청 벌교세무서에서 세무공무원으로 근무

를 시작하였다. 이후 육군 현역으로 만기전역을 하고 경인지방
국세청 남동세무서에서 복무하던 1994년, 세정문란 사건으로
유명한 '부평구청 지방세 세도사건'이 났다. 당시 인천지방검찰
청 특수부의 요청으로 파견을 나가게 되었다.

"김 조사관! 이 사건을 어떻게 조사하면 좋겠습니까?"

날아다니는 새도 떨어뜨린다는 인천지검 특수부 K부장검사
가 사건개요를 설명하고 의견을 구했다.

"부장검사님, 이렇게 조사를 해보시죠!"

나는 A4용지 한 장을 좌우로 접어 가운데에 한 획을 그었
다.

"오늘부터 종이 왼쪽 칸에는 부평구청 세무과에 보관된 취
득세, 등록세 은행 소인이 찍힌 현금수납영수증을 리스트업
하십시오. 그리고 오른쪽 칸에는 은행에서 수납처리된 납세자
별 금액과 구청에서 직접 납입처리된 금액을 리스트업하면 좌
우 그 차액이 횡령금액입니다."

K부장검사는 내 말이 끝나자 자신의 무릎을 치더니 수사관
들을 불러 내가 얘기한 대로 지시하였다.

"김 조사관님~ 감사합니다. 세무서에 복귀하십시오!"

아마도 검찰청 파견 나가 하루도 아닌, 한 시간 만에 돌아

온 유일한 사례일 것이다. K부장검사는 나의 조언대로 검찰 역사상 처음으로 인천여상 등 상고생들의 협조를 받아 엑셀전산조사를 한 것으로 알고 있다. 당시 김영삼 정부 시절 빠른 사건 해결 덕분에 검찰청 핵심으로까지 승승장구하였던 것으로 기억된다. 당시 지방세는 국세와 달리 상호대사나 내부통제장치가 미흡한 부분이 있었다. 금융기관에 수납된 지방세 통제관리가 안 되다 보니 구청 세무공무원이 현금으로 직접 수납한 지방세를 횡령하고 거짓 은행소인만 찍은 영수증을 붙여 놓은 것이었다. 그 이후로 구청 세무과는 이런 일이 반복되지 않는 것으로 알고 있다. 하지만 일부 교부금을 받는 기관이 아직도 예산사용이나 결산에 있어 종종 물의를 일으킨다. 주민의 피 같은 세금을 소중하게 사용해야 하고 관리해야 할 지방자치단체장 선거 시 회계나 세무 등 계수에도 밝은 후보자가 필요한 시점이다.

현행 '어떠한 조세를 국세 또는 지방세로 할 것인가'에 대하여는 명확한 기준이 없고 단지 세원(稅源)의 규모와 분포, 재정의 여건, 행정의 편의 등을 고려하여 세수가 큰 것은 국세이고 세원이 넓은 것은 지방세 정도로 결정된다. 복잡한 이야기지만 쉽게 풀어보면 지방세는 그 지역 사람들이 내는 세금을 지역에서 걷어서 지역에서 쓴다. 물론 지방세를 어떤 것으로 걷을 것인지는 현재 중앙정부가 결정하고 그 범위가 그렇게 넓지 않다.

그러나 한편 고민될 것이다. 광주만 해도 10억 원이 넘나드는 아파트가 남구에 치중되어 있다. 향후 문재인 정부는 국세와 지방세 비율을 8:2에서 6:4 정도로 바꿀 수 있다. 결국 지방세 비율을 높이려면 재산세와 같은 보유세와 지방소득세의 세율을 올릴 것이다. 같은 광주광역시에서도 구별로 재정력의 차이가 발생하는 문제이다. 서울의 강남과 강북처럼 광주도 봉남과 봉북의 얘기가 나올 수 있다.

국민이 주인인 정부, 문재인 정부는 100대 국정과제 '[4] 고르게 발전하는 지역' 75. 지방재정 자립을 위해 강력한 재정분권을 말하고 있다. 문제는 여기에 있다. 재정분권이 되면 경제적으로 낙후된 지역은 적게 걷힐 것이고 인구와 산업주체가 많은 지역은 지방세가 더 걷힐 것은 당연하고 그 지방이 쓸 가용재원이 늘어나는 것도 뻔한 이치다. 단순히 인구만 많아서도 안 되고, 돈을 벌어들이는 산업과 돈을 더 많이 버는 인구가 많아야 한다. 각 지역에서 인구증가와 산업경제에 중점을 두는 이유가 여기에 있고 지역 일거리와 일자리를 만들려는 이유도 여기에 있다.

'지방세가 많으면 뭐가 좋을까?'
'지방세, 우리 지역처럼 그것마저 부족하다면 다른 대안은 없는지'

$$\text{재정자립도(\%)} = \frac{\text{자체수입(지방세 + 세외수입)}}{\text{일반회계 예산규모}} \times 100$$

재정자립도가 낮은 지역에서 뭐 하나 하려면, 최영호 남구 청장처럼 열심히 공모사업 연구해 서류보따리 싸서 들고 세종시 여관 잡아가며, 예산실의 젊은 사무관들에게 읍소하고 애원하지 않을 수 없다. 그러나 지방세나 세외수입이 많아 재정자립도가 높은 지역은 자식이 돈을 잘 벌면 부모에게서 독립할 수 있듯이 적어도 중앙정부의 눈치를 덜 보게 된다.

지역에 돈이 많으면 중앙정부의 간섭에서 조금 더 자유로울 수 있어서 하고 싶은 일을 만들고 풀뿌리 민주주의를 실현하는 자치분권을 확실히 할 수 있다. 집권하는 입장에서 중앙집권을 강화하려 하는 것이 보수 정치권의 입장이라면, 보다 생각이 있는 진보적인 정권은 자치분권을 더 강조한다. 진보는 4차 산업혁명의 도래에 따른 변화 시기에 중앙집권적 사고로는 유연한 대처가 불가능하다는 것을 알기 때문이다.

자치단체	자체수입	2017년도 자치단체 일반회계 예산규모	재정자립도[당초] (A/B×100)
광주본청	1,413,601	3,156,222	44.79
광주동구	30,917	198,021	15.61
광주서구	86,984	351,398	24.75
광주남구	41,022	280,969	14.60
광주북구	71,710	492,969	14.55
광주광산구	109,821	489,015	22.46

자치단체	자체수입	2017년도 자치단체 일반회계 예산규모	재정자립도[당초] (A/B×100)
대구본청	2,600,478	5,076,837	51.22
대구중구	63,811	199,400	32.00
대구동구	101,551	482,700	21.04
대구서구	50,269	291,600	17.24
대구남구	49,073	280,500	17.49
대구북구	108,262	476,300	22.73
대구수성구	137,276	471,500	29.11
대구달서구	157,198	593,800	26.47
대구달성군	233,651	575,500	40.60

출처 : 「지방재정365」 www.mois.go.kr(이하 같음)

또한 지방분권이 잘된 나라일수록 부강하지 않은 나라가 없다고 해도 과언이 아니다. 지방분권 강화는 세계적인 흐름이고 필연적인 과정이다. 그런데 우리 광주 지역은 갈수록 인구가 줄어들고 고령화가 가속화되고 있다. 그리고 지방재정자립도는 위 표에서 알 수 있듯이 수도권이나 공업화가 가속화된 영남지역에 비교하여 떨어지고 있다. 특히 복지사업 확대로 지자체가 부담해야 할 대응 지방비가 지방예산 연평균 증가율 4.9%보다 2.8배 높아진 실정이다. 적어도 국고보조 복지사업을 비매칭으로 전환한다든지 하는 분담체계를 바꿔야 한다. 결국 광주시의회 주경님(서구4) 의원이 지적하듯이 광주광역시는 국가공모사업에 선정되고도 매칭예산이 없어 사업이 반납되어 자체사업 비중은 축소되고 지방자치가 후퇴하게 된다.

"돈만 많다면 우리 지역의 돈으로 자체적인 지역 사업하겠다."는데 누가 뭐라 할 것인가? 그렇다. 지금 내가 할 이야기는 바로 이것이다. 우리 지역의 돈! 우리가 중앙정부로부터 자유로울 수 있는 힘!

발달하는 금융시스템에서
힘들어하는 우리

내 고향 함평 주포는 바닷가이다. 1970년 초반까지만 해도 주포항에는 먼바다까지 나가서 고기를 잡는 중선배가 들어와 선창가가 매우 북적북적했던 기억이 난다. 광주와 나주 근방의 젓갈 공급처가 되었던 곳이 내가 자란 아름다운 주포이다.

"셋째야, 저녁 때 됐으니 느그 아버지 모시고 와라!"

아버지를 늘 '느그 아버지'라 칭하던 어머니는 식사 때가 되면 마실 나간 아버지를 모시고 오는 일을 나에게 시켰다. 같은 말띠였던 아버지 선친께서는 삼봉재끼(70년대 남도에서 유행한 화투잡기)가 아무리 잘되어도 밖에서 기다리는 나의 모습이 안쓰러운지 바로 따라 나오셨기 때문이다.

1980년대 초반 들어 우리나라 사람들이 일본사람처럼 생선회 맛을 알게 되고, 광주 목포 간 도로 사정이 좋아지자 주포항은 쇠락했다. 그리고 경운기 엔진이 달린 조그마한 낚싯배 정도로 고기를 잡아서 주포횟집에 팔아 생계비를 버는 갯가로 바뀌었다.

나는 광주 금호고등학교에 다니면서 토요일에는 내려와 저녁부터 그다음 날까지 아버지와 함께 쪽배를 타고 숭어, 농어, 새우인 중와, 대와, 주꾸미, 낙지잡이를 하며 용돈과 학비를 벌었다. 대학을 갈 수 없는 형편이었기에 고등학교를 적당히 마치고 외항선을 타는 것이 인생의 목표였다. 고등학교를 졸업하고 운명적인 사건이 발발하기 전까지 배를 탔다.

고등학교를 졸업 후 아마도 8월 하순 정도로 기억되는데 아버지와 나는 대와잡이를 나섰다. 대와잡이 그물 20통을 함평만에 펼치고 얼마 지나지 않아 순식간에 먹구름이 오더니 장대비가 내리고 폭풍이 불어, 배는 전복되기 일보 직전이었다.

"하나님 아버지~~~ 한 번만 살려주세요!"

순간 바다가 주는 무서움에 온몸이 경직되고 말았다. 어느 바닷가 마을처럼 매년 대여섯 명이 바다에서 죽는 것은 뉴스도 아닌 세상이었다. 나의 간절한 소원이 담긴 말은 태풍의 격랑 속에서 하나님만 알아들었을 것이다. 이날은 예고된 태풍의 시작점이었는데 아뿔싸, 일기예보를 듣지 않고 나온 것이 문제였다. 아들을 살려야겠다는 아버지의 일념 덕분으로 전복 위기를 넘기고 다행히 항구에 도착할 수 있었다.

나는 다음날 아버지께 '공부밖에 쉬운 것이 없다.'고 말씀드리고 광주로 올라와, 당시 재수학원으로 유명한 대성학원에서 3개월 동안 공부하여 학력고사에 높은 점수를 받았다. 당시 '직녀에게' 등 통일을 노래한 시인이자 해직 교수인 故문병란 선생님으로부터 국어를 배웠다. 지금도 수업 중에 낭랑한 목소리로 시를 읊어주시던 선생님이 그리워진다.

"아버지~ 고려대학교 신문방송학과를 지원하겠습니다."

"셋째야, 네 이름을 한번 생각해 보거라."

"쇠 金, 영원할 永, 기록할 錄입니다."

"그래 성과 이름처럼 '세금을 기록하는 대학'을 가는 것이 어떨까 한다. 일반대학은 형편상 어려우니 먹여주고 입혀주고, 국비로 가르쳐주는 세무대학을 졸업하면 재무부나 세무서에 갈 수 있다고 하는데 그리 갔으면 하는구나!"

아버님께서는 운명적으로 이름까지 이렇게 지어주셨고, 더구나 신풍(神風) 같은 태풍을 만나 인생이 바뀐 것은 물론 경제적 형편상 달리 선택할 여지가 없었다. 신문기자가 되겠다는 꿈은 접었지만, 세무사업을 하면서 <조세플러스> 잡지발행과 인터넷신문을 돕는 것을 보면 이것도 운명인 듯하다.

　세계인에게 오랫동안 사랑받고 있는 보드게임이 하나 있다. 바로 '부루마블'이다. 지금은 여러 가지 형태로 스마트폰 애플리케이션게임으로도 만날 수 있다. 이 보드게임의 규칙 중 하나가 누군가 중앙은행을 맡아야 하는 것이다. 중앙은행은 나라별 카드도 나누어주고 세금도 받고, 때에 따라 대출도 해준다. 게임을 하던 중 중앙은행이 발행한 돈이 떨어지면 종이를 잘라 돈을 만들어 주기도 한다.

　종이와 펜만 있으면 돈을 무한정 발행할 수 있는 시스템이다. 주사위를 잘 굴려 돈을 많이 번 플레이어도 있지만 금세 파산을 코앞에 둔 사람도 있다. 파산 직전인 사람은 게임을 포기하거나 중앙은행의 대출을 받아야 한다. 하지만 대출받았을 때 주사위를 잘못 굴리면 주사위를 잘 굴리는 사람에게 또 돈이 간다.

　파산 직전의 플레이어는 다시 중앙은행에 도움을 청하고 중앙은행은 온갖 거드름 피우며 돈을 다시 대출해준다. 허나 이번에도 주사위를 잘못 굴리면 돈은 한쪽에만 모여든다. 웃기고 재밌는 것은 은행이 돈을 마구 찍어낼 수 있으니 누가 망하든 신경 쓰지 않는다. 담보로 잡아둔 도시들이 있고 때에 따라서는 가차 없이 세금을 징수한다. 플레이어가 죽든 말든 상관없다. 은행은 그저 '비가 오면 우산을 뺏어가는' 것처럼 단지 작금의 은행일 뿐이다.

이처럼 돈을 마구 찍어내는 부루마블 중앙은행 모습은 미국이 '닉슨 쇼크'라 불리는 1971년 8월 15일에 발표한, 달러와 금의 교환을 공식적으로 정지시킨 '금본위제 폐지' 이후 볼 수 있는 미국 중앙은행인 연방준비제도위원회**(약칭'연준')**의 모습이다. 자본주의 체제에서는 절대 권력에 가깝다. 여기서 한 번쯤 고민해보자. 지금의 금융시스템은 정말 올바른 것인가? 미국을 포함하여 지금 모든 국가의 중앙은행은 정말 공정한가? 이 문제를 고민하기 위해서 한 가지 더 이야기를 들려주고 싶다.

16세기 서유럽, 가난한 나라였던 네덜란드에서는 어느 영특한 어부가 청어내장을 빨리 꺼내는 칼을 발명했다. 내장처리 속도가 빨라지자 청어절임 기술도 함께 발전한다. 절임 기술은 강대국으로 가는 첫 번째 조건인 식량문제를 해결해주었다. 당시 유럽은 대항해 시대를 준비하고 있었다. 네덜란드 역시 많은 젊은이가 새로운 기회를 주는 바다로 떠나고 싶어 했다. 바다로 떠나기 위해선 큰 배와 교역물품이 필요했지만, 귀족들은 불확실한 바닷길에 투자하는 것을 꺼렸다. 각 국가로서는 대규모 자본을 구하지 못하면 대항해 시대에 뒤처질 수밖에 없었다. 정부는 고심 끝에 소액투자 개념을 탄생시킨다.

신분이나 직업과 상관없이 돈만 있다면 누구나 투자할 수 있게 했다. 마부도 투자할 수 있고, 하녀도 투자할 수 있었다. 잘만 투자하면 누구나 부자가 될 수 있는 사회가 시작되었다. 누구나 부자가 될 수 있는 사회는 곳곳에 활력을 불어넣었다. 특히 신분이나 직업과 상관없이 투자하고 회수하기 위해선 무엇보다 금융시스템의 발전이 필요했다.

그래서 생성된 금융시스템인, 돈을 저축하게 하고 대출해주는 은행, 위험한 바닷길을 보장하는 보험, 새로운 투자 상품을 만들어 교환시키는 증권회사 등 다양한 자본시장을 탄생시켰다. 이후 세계 금융시스템은 눈부시게 발전해 현재에 이른다.

이 이야기에서 생략된 부분도 상당하지만, 대충 이 정도면 금융시스템이 어디서 출발했는지 알 수 있을 것이다. 많은 금융전문가는 금융시스템이 발전하지 않았다면 현대 자본주의 발전은 없었을 거라 말한다. 지금 금융전문가들은 촘촘하고 체계적인 금융시스템을 발전시키고 있다. 그래서 2008년 미국 금융위기인 '서브프라임모기지 사태'는 대출, 투자와 보증, 증권과 채권이 복잡하게 엮이어 슈퍼컴퓨터로도 해결할 수 없는 상황을 만들고 말았다.

헨리 포드(1863~1947)는 이런 말을 했다. "국민들이 은행과 통화체제를 이해하지 못하는 것은 아주 다행스러운 일이다. 만약 그들이 그것을 이해하면 오늘 밤에 당장 혁명이 일어날 것이다." 이 말은 은행이 자신들만의 목적을 가지고 부도덕하고 비합리적인 통화체제를 국민들에게 알려주지 않고 있다는 의미이기도 하다.

결국 지난 2011년 9월 세계금융기관이 모인 뉴욕 맨해튼에서 금융기관의 부도덕성에 반발하는 대규모 시위가 일어났다. 사건의 발단은 서브프라임모기지 사태와 리먼브라더스 사태를 수습하기 위해 미국 국민의 세금을 투입하면서 시작했다. 세금으로 살아난 은행은 뜬금없이 돈 잔치를 벌였다가 다시 은행의 긴축정책, 소위 양털 깎기로 서민들의 집을 뺏어 일반인의 생활은 더욱 피폐해졌다.

박탈감을 느낀 사람들은 월가의 부도덕성에 시위를 벌였다.

이 시위는 전 세계로 번졌고 한국도 예외는 아니었다. 은행이 너무 눈에 보이는 짓을 한 것이다. 원래 그들은 될 수 있으면 드러내지 않은 채 전쟁이나 사태를 유발해 잔치를 벌이는 타입들인데, 그것이 들킨 것이다. 분노한 대중은 국가를 움직인다. 꼭 2017년 봄 우리나라 국민들이 촛불혁명으로 국민이 주인인 문재인 정부를 탄생시킨 것처럼 제아무리 대단한 은행이라 하더라도 대중에게 맞설 수는 없다.

어찌 됐든 간단히 정리하면 처음 금융시스템 발전은 평범한 사람도 부자가 될 수 있는 희망을 주었지만, 지금의 금융시스템은 소수 중 소수만이 그 혜택을 누린다. 물론 은행은 아니라고 이야기하지만, 대출을 받으러 은행 문턱을 넘어서는 사람들을 각종 평가로 분류한다. 나 역시 20년을 넘게 세무사로 전문직이지만 그들이 평가하는 항목으로 분류하면 3등급 정도이다. 그래야 은행은 이자를 더 받을 수 있기 때문이다.

그런데 이런 은행의 고도화된 금융시스템이 과연 은행만의 것일까. 정부 역시 막대한 세금을 보유한 또 하나의 은행이다. 아니 은행보다 더욱 막강하다. 세금으로 돈을 벌지 않는다고 말하지만, 기획재정부에서 돈을 지역에 배분할 때 과연 공정한가?라고 묻는다면 한 번쯤은 고개를 갸우뚱거릴 수밖에 없다.

'지역차별'

모두가 알지만 함부로 입 밖으로 꺼내 놓을 수 없는 말이다. 권력에 따라 명백히 진행되어 오고 있지만 증거도 흐름도 파악하기 힘들다. 몇몇 지역 언론이 예산 숫자를 내밀며 항의해도 무시하면 그만이다. 지역 예산의 이야기를 서울 언론이 다룰 이유는 없으니까 말이다.

그리고 다른 곳에서 인정하기는 싫겠지만, 내가 거주하고 있는 광주광역시는 이런 지역차별의 대표적인 도시다. 최근 탄핵당하고 구속되어 재판을 받고 있는 박근혜 전 대통령 재임 시절, 이 지역의 공약 이행도는 10%가 못 됐다. 10%, 10개 중 1개. 그 10개는 지역민이 간절히 바라고 바라던 목숨 줄 같은 것임에도 4년간 단 1개만이 진행된 셈이다.

권력에 휘둘리지 않게 지역만의 재원이 있다면?
차라리 지역만의 중앙은행이 있다면?
그래서 지역만의 금융시스템을 마련한다면?

그렇다면 어떨까. 중앙정부에서 돈을 내려주기만 기다릴 것이 아니라, 지역의 돈으로 지역의 사업을 해결해 버린다면 더 이상 지역차별 따위의 자조 섞인 단어를 말하지 않을 수 있지 않겠는가.

다시 부루마블로 돌아가 보자. 그 게임은 공정한 듯하지만 아니다. 출발만 평등할 뿐이다. 운에 의해서 좋은 길목을 선점한 플레이어는 절대 망하지 않는다. 그리고 은행도 망할 이유가 없다. 그러나 한번 휘청거린 플레이어는 계속 휘청거리다 결국 파산한다. 빈익빈 부익부가 여실히 드러나는 게임이다. 그러니 그것을 멈추려면, 그 룰에서 벗어나야 한다.

바꾸자! 정해진 부루마블에서 그만 벗어나자! 새로운 보드게임으로 판을 옮기자. 그것이 지역이 자유로울 수 있는 길이다.

곳곳에서 양극화를
경고하지만

하정우 주연의 영화 <민란>은 조선 후기 철종(1849~1863) 때를 배경으로 하고 있다. 철종은 '강화도 도령'이란 별명이 있듯이 시골청년이 하루아침에 '조용한 아침의 나라' 조선 왕이 되었다. 권력을 장악한 안동 김씨 입장에서는 좋은 허수아비 왕이었다. 시대가 이렇다 보니 매관매직은 물론 조세제도인 삼정(전정, 군정, 환곡)은 문란했다. 세정 문란과 권력의 부패는 민중봉기의 뿌리가 되었다. 영화 <민란>은 당시 권력자의 문란함과 부패를 잘 보여주었다.

우리나라 역사에서 전국적으로 민중봉기가 일어난 건 세

번이다. 첫 번째는 통일신라 진성여왕 때로 귀족들의 사치와 향락을 채우기 위해 농민 수탈이 심해지자 봉기가 일어났다. 두 번째는 고려 무신정권 때 봉기로 신분제에 불만을 품은 망이, 망소이 난으로 굶주린 백성을 모아 공주 명학소에서 시작되었다. 세 번째는 조선 후기 임술농민항쟁으로 경상도 우병사 백낙신의 착취와 가혹한 조세로 진주민란이 발생 후 전국적으로 일어났다.

세 번의 민란 모두 본질은 비슷하다. 가렴주구와 같은 권력자의 수탈이다. 권력자들은 수탈로 얻은 부로 사치와 향락을 누렸다. 당연히 백성들은 허탈함과 박탈감이 쌓이다가 이내 분노를 표출했다. 민중의 분노는 생각보다 무섭다. 권력의 계보가 바뀌는 것은 물론이거니와 상당한 피바람을 불러일으켰다.

사실 지금 우리가 살고 있는 현대의 모든 사회적 시스템은 세계 곳곳에서 터진 민중의 반란에서 기초한 시스템이다. 민중 스스로가 권력을 찾았거나 권력자가 민중의 무서움을 체험하고 시스템을 바꾸면서 변화해 왔다. 최근 우리나라도 민중 분노가 1,700만 개의 촛불로 표출되었다. 박근혜 전 대통령과 최순실의 국정농단이 그것이었다.

결과는 권력자들에게 참혹했다. 박근혜 전 대통령은 탄핵당했고 구속됐으며 무소불위의 권력을 누린 최순실과 그 부역자들 역시 마찬가지로 구치소에 수감되어 있다. 그들의 잘못은 법이 판단하겠지만 그들로 인해 국민적 분노가 일어난 계기는 간명하다. 바로 양극화, 상대적 박탈감이다. 민중의 박탈감을 일일이 다 표현할 수는 없다. 다만 이 박탈감을 지역으로 바꿔보면 이렇다. 박 전 대통령 재임시절 정부 고위직에 호남출신은 10.9%였다. 역대 최저다. 노골적인 지역 편중인사가 역대 어느 정권보다 심했던 것이다. 인사의 비율이 이럴진대, 예산은 어떠했겠나.

그렇다면 차별은 도대체 어디서 어디로 가고 오는 것일까? 권력과 돈이다. 권력을 가진 자들이 세력을 유지하기 위해서 예산을 가져가고 그 과정에서 희생양이 발생하는 것은 당연한 일이다. 비단 이런 희생양이 호남에 국한되는 것은 아니다. 모든 대한민국 전 지역에 해당된다. 다만 뚜렷하게도 호남이 두드러질 뿐이다. 또 다른 면에서 차별이란 나눠 가져야 할 것을 나눠 갖지 못하는 것을 말한다. 이는 나눠줄 주체가 있어야 하고 피해 대상은 나눔을 받아야 하는 피동적인 입장이어야 한다.

지역은 중앙정부의 예산, 권력, 인재 등용 등의 나눔을 기대하는 피동적 입장이다. 다시 말해 중앙정부가 양극화 현상을 만들어내면 거기에 따라갈 수밖에 없는 불쌍한 존재인 것이다. 중앙정부가 양극화를 만들지 않으면 간단하지만, 박 전 대통령을 본다면 과연 그게 쉬울까 갸우뚱해진다. 줄 생각이 없는데 달라고 하며 운다고 해서 주진 않는다. 결국은 우리 스스로가 부족한 부분을 채워야 한다. 아니, 어쩌면 중앙정부의 강력한 굴레를 벗어날 수 있는 방법은 경제적 자립뿐일 수도 있다. 경제적 자립을 하게 된다면, 더 이상 중앙정부의 차별을 피부로 느끼지 않아도 된다. 그들이 차별을 하든 안 하든 지역에서 지역의 일들을 해결해 나갈 수 있기 때문이다.

흔히들 극우주의자들이 호남을 들어 '전라민국'이라고 한다. 그들끼리 산다는 것이다. 물론 없이 살고 차별받다 보니 뭉치는 경향도 있었다. 그렇게 비난하는 이들에게 호남은 불편한 존재일 수 있다. 기왕 불편한 거 경제적인 '전라민국'을 한번 구상해보는 것도 나쁘진 않겠다. 당연하게도 부정적인 것이 아닌 부러움의 대상으로 말이다.

부도나는 지방정부,
생존은 알아서

나는 서울 출장이 있을 때마다 KTX를 자주 이용한다. 열차 안에 있는 TV에서 '슬로우 도시', '의료관광 도시', '기업하기 좋은 도시' 등 지역 이름을 알리느라 연신 광고를 쏟아내고 있다. 무심히 지나치듯 보다가 문득 내 눈을 사로잡은 광고가 있었다. '빚 없는 경상남도'였다. 지역에 산업단지나 관광 상품을 홍보하는 게 아니라 빚 없는 재정 상황을 광고한 것이다.

솔직히 속으로 공감이 갔다. 수많은 지방정부 중 빚 없는 지방정부가 몇이나 될까 말이다. 빚 없는 상황만으로 충분히 신뢰를 받는 지역으로 인식될 정도이다. 이런 상황에서 지자체

재정에 대해 한 번쯤 생각해볼 만한 일이 일어났다. 2017년 현재 전국 광역 기초지자체 243곳 가운데 재정자립도가 50% 미만인 곳이 220곳, 30%도 안 되는 곳이 155곳에 달한다. 열악한 지방재정을 개선하지 않으면 자치분권은 공염불이 될 수 있다.

최근 권선택**(2017.11.14. 대법원 판결로 시장직 상실)** 대전시장이 2030년 아시아게임 대전광역시 유치를 제안했다. 대전은 1993년 대전 엑스포 유치 이후 큰 국제행사가 없었다. 권 시장은 아시아게임 유치를 통해 도시 인프라 구축과 성장 발판을 마련하자고 제안했다. 모든 일이 그러하듯 찬성이 있으면 반대도 있다.

반대 핵심 논리는 지방재정 악화다. 반대쪽은 2014년에 열린 인천아시안게임의 사례를 근거로 들었다. 인천은 '재정위기 주의' 지방자치단체로 지정된 상태다. 2015년 8월 예산대비 채무비율은 39.9%로 같은 '재정위기 주의' 단체인 부산**(28.1%)**, 대구**(28.8%)**, 태백**(34.4%)**보다 높은 곳이다. 2000년에 들어와 2014년 인천아시안게임 경기장 건설, 인천도시철도 2호선, 경제자유구역개발 등 재원조달을 위해 지방채를 발행했다.

특히 아시안게임경기장 건설을 위해 1조970억 원 규모 지방채 발행은 재정위기를 크게 불러왔다. 아시안게임 유치를 통해 인천의 위상을 높이고 경기장 주변에 도로와 공원을 만들어 도시균형을 꾀하겠다고 선언했지만 얼마나 달성되었는지는 알 수 없다. 대전도 이런 재정위기에 봉착될 수 있어서 시민단체가 반대에 나선 것이다.

하지만 권 시장은 대전, 세종, 충남 세 지역에 경기장을 나눠

지어 부담을 줄이는 등 지방재정 악화에 대한 대안을 제시하고 있다. 이런 상황을 볼 때 대전에 아시안게임 유치는 더 지켜봐야 할 문제 같다. 과거 대규모 행사유치는 대부분 국비를 가져와 지역발전에 큰 도움이 되었다. 그러나 지금은 국비와 지방비 매칭시스템으로 미래세대가 부담하여야 할 지방채를 발행하여야 하기에 지역민들이 곱게 받아들이는 추세가 아니다. 말 그대로 이벤트 한 번에 내가 사는 지역의 복지예산이 줄어들고 결국 파산할 수 있다는 인식이 있기 때문이다.

지방재정 악화 피해는 지역민에게 고스란히 돌아간다. 지방채를 매년 일정부분 갚아야 하기에 자체 예산이 부족해 각종 생활편의시설, 인프라 구축을 해야 하는데 돈이 없으니 중단할 수밖에 없다. 늘어나는 이자 역시 무시 못 한다. 모두가 지역민 세금으로 해결해야 하거나 중앙정부에 손을 벌릴 수밖에 없다. 전시행정이 판을 치는 이 시기에 무엇이 지역민을 위한 것인지 지방정부는 고민에 쌓여있다.

다른 예를 들어보자. 경기도 용인시다. 광산구와 같은 기초단체인 용인시의 현 시장인 정찬민 시장은 꽤 유명한 인물이다. 2014년 7월 그가 취임하던 당시 용인은 지방채 4,550억 원, 용인도시공사 금융채무 3,298억 원 등 총 7,848억 원에 달했던 채무가 있었다. 물론 이는 공식적인 채무일 뿐이다. 민간투자사업으로 추진된 하수관거 임대료와 경전철의 관리운영권 가치상각액 등과 같은 장기 우발부채 등은 제외한 금액이다.

그 이전 용인시는 사실 그렇게 큰 빚을 진 자치단체가 아니었다. 큰 발전은 없지만 기초가 탄탄한 곳이었다. 그런 곳이 한순간에 빚더미에 올랐다. 채무의 무게는 엄청났다. 2017년까지 용인시가 지급한 이자만 해도 363억 원이다. 정 시장은 이런 빚을 불과 2년 6개월여 만에 다 갚고 이른바 '채무 제로 선언'을 했다. 최근 2017년 1월 이야기다.

당연히 전국에서 주목할 수밖에 없다. 정 시장의 빚 갚기는 눈물겨웠다. 취임하자마자 '임기 내 채무 제로화'를 선언하고 긴축재정에 '올인'했다. 5급 이상 공무원은 기본급 인상분을 자진 반납했으며 직원들은 맞춤형 복지포인트를 50% 삭감하고 업무추진비, 초과근무수당, 숙직비, 연가보상비, 여비, 수용비 등을 25~50%까지 삭감하는 등 허리띠를 졸라맸다.

사무용 집기를 중고로 매입하고, 직원 해외문화 체험도 축소했다. 시민체육공원과 같은 대규모 예산이 들어가는 사업은 시기를 늦추거나 축소하는 등 사업비를 조정하고, 사전재정심사와 지방재정 투·융자사업의 심사제도를 강화해 시급하지 않은 사업을 제한했다.

또 자체수입을 올리기 위해 체납세 징수율을 높이고, 유휴 공유재산 매각을 통해 예산규모를 확대했다. 이자가 높은 차입금은 조기상환했다. 경기도 지역개발기금 등 저리의 차입선으로 전환해 이자를 절감하고 복지와 교육 분야 지원도 줄였다. 여기에 애물단지였던 역북지구 토지매각을 위해 직접 홍보 팸플릿을 들고 기업들을 찾아다니며 세일즈에 나서기도 했다. 이런 전면적인 노력으로 정 시장 취임 당시 2,974억 원이던 경전철 지방채는 지난 2015년 9월 조기 상환했다. 용인도시공사 금융채무 3,298억 원도 2016년 4월 모두 갚았다.

무엇보다 주목해야 할 점은 정 시장의 세일즈다. 그는 지역의 산업단지 분양을 위해 기업의 문고리와 신발이 닳도록 뛰어다녔다. 거절당해도 다시 찾아가고, 기업을 유치하기 위해서 규제를 완화했다. 기업이 왜 용인으로 오지 않는지를 분석하고 그 분석을 토대로 다시금 계획을 정비하기도 했다.

여기서 우리가 한 가지 주목할 것이 있다. 용인은 수도권 지역이다. 당연히 수도권의 기업 이전이 용이하다. 그런데도 정

시장이 쉬지 않고 뛰어야만 기업들이 관심을 둔다. 지리적 위치가 나쁘지 않음에도 쉬운 일은 아니었다는 것이다. 또 주목할 점은 지방자치단체의 채무를 지방 스스로 갚아 나갔다는 점이다. 기업유치와 더불어 긴축재정, 예산의 축소 등을 통해 용인은 빚을 갚았다. 이는 다시 말해 빚을 다 갚은 시점부터 빚에 들어갈 이자 비용이 고스란히 용인시에 쌓인다는 것이다. 용인으로서는 지난 2년 6개월의 고생이 있었지만, 큰 이득이 아닐 수 없다.

허나 앞서 말했듯 용인은 기업유치가 용이한 지역이다. 지역적 특성이나 교통도 좋은 상황이다. 모든 지방정부가 용인처럼 기업 유치를 통해 위기를 극복할 수는 없다. 지리적 차별이 존재하는 것이다. 그렇다면 어떻게 해야 지방정부 스스로 자립할 수 있을까? 이 질문의 답을 이 책에서 계속 찾아 나가보자.

불가능했던 낙수효과,
그리고 중소기업

　미국연방준비제도이사회는 미국은 물론 세계 경제에 영향력을 행사하는 기관이다. 이 기관의 전 의장 앨런 그린스펀은 말이 없기로 유명하다. 조용한 성격에다 그의 한마디가 세계 경제가 영향을 주니 말이 더 없을 수밖에 없다. 이는 뒤집어 그가 입을 열면 세계 경제가 흔들릴 만큼의 무게가 있다는 뜻도 된다.

　우리나라도 경제에 큰 영향력을 행사하면서 말이 없기로 유명한 사람을 꼽으라면 이건희 삼성 회장을 뽑을 수 있다. 이 회장은 건강상태가 좋을 때에도 언론 인터뷰나 TV에도 나오지 않으며 강의나 연설도 거의 하지 않는다. 그런 그가 2011년 언론에서 경제정책 '낙제점' 발언을 했다.

어느 기자가 이명박 정부 경제성적을 묻자 "흡족하다기보다는 낙제는 아닌 것 같다."라고 말했다. 평소 과묵하기로 소문난 이 회장이라 말의 파장은 컸다. 이 회장은 "위기극복을 잘했다는 뜻으로 말했다."고 해명했지만, 평소 말이 없는 사람이 말을 할 땐 언중유골(言中有骨)이 있기에 그 의미를 두고 갑론을박이 이어졌다.

낙제점 발언 시기에 이명박 정부는 '초과이익공유제'라는 새로운 경제정책을 발표했다. 대기업이 목표한 이익을 초과달성하면 중소기업과 나누는 것이 골자였다. 하지만 대기업이 연초에 목표액을 높게 잡으면 초과달성이 불가능하고 설령 난다 하더라도 그 이익을 공동분배하는 발상 자체가 시장경제원리와 부합하지 않았다. 결국, 초과이익공유제는 논란만 일으켰다. 이명박 정부에서 시장경제원리에 반하는 초과이익공유제까지 나온 이유는 그동안 대기업 이익이 중소기업과 서민에게 퍼지지 않고 돈을 은행에 쌓아두기 때문이다.

이명박 정부의 핵심 경제정책은 747성장**(7% 경제성장률, 국민소득 4만 달러, 세계 7위 경쟁력)**, 4대강 정비사업, 대기업 부자감세정책, 고환

율정책이었다. 이중 감세정책은 '낙수효과' 원리였다. 대기업에 세제 혜택을 주면 그 이익이 중소기업과 서민에게 간다는 논리였다. 하지만 대기업은 이익을 공유하지 않았다. 그렇기에 중앙정부가 대기업 이익을 강제라도 공유하게 하려고 '초과이익 공유제' 발상을 낸 것이다. 바로 낙수효과가 없었음을 자인한 셈이다.

낙수효과는 1896년 미국 국무장관 윌리엄 제닝스 브라이언의 연설 'Trickle down'에서 유래되었다. 낙수효과는 이론적 근거나 실제 사례는 없다. 최근 이용섭 일자리위원회**(위원장 대통령)** 부위원장이 각종 강연에서 제시한 통계에 따르면 IMF에서 150개국을 조사한 결과 상위 20% 계층 소득이 1% 증가하면 경제성장률은 0.08% 하락하고, 복지를 통해 하위 20% 계층 소득이 1% 증가면 경제성장률은 0.38% 증가하는 것으로 나타났다.

조사결과에서 보듯 상위소득만 올라가면 경제성장률은 오히려 떨어진다. 조지 H.W 부시도 낙수효과를 바탕으로 한 경제 정책을 채택했지만 10년 뒤 기업의 사내유보금증가와 소득격차는 오히려 늘어나 소득 불평등만 증가시켰다.

우리나라도 비슷한 상황이다. 2017년 3월 말 기준 30대 그룹 상장사의 사내유보금은 700조 원에 달한다. 비상장기업까지 포함하면 1,000조 원을 넘을 것으로 보인다. 사내유보금 개념이 모호하긴 하지만, 이 돈이 돌지 않고 있다. 돈이 돌지 않으니 중앙정부는 국채를 발행해 또 돈을 찍거나 기업에 돈을 풀라고 말해야 한다. 아니면 세금을 더 거둬야 한다.

낙수효과는 대기업을 위한 경제 용어이고 그들이 존재하기에 가능한 이론이다. 대만처럼 중소기업이 강한 나라는 이런 이론 자체가 없다. 허리가 두껍기 때문이다. 일본도 유사하지만, 중소기업의 강세는 아시아에서 대만을 따를 나라가 없다. 유럽 역시 중소기업이 강세다. 국가적으로 중소기업에 대한 지원을 아끼지 않는다.

더불어민주당 광주시당**(위원장 이형석)** 중소기업 특별위원장으로서 강조하는 말이지만, 중소기업이 강하다는 뜻은 지역이 강해진다는 뜻이다. 중소기업은 수도권에만 편중되지 않는다. 지역별로 자리를 잡고 그 환경에 맞춰 성장한다. 당연히 큰 대기업 하나보다 튼튼한 중소기업 10개가 지역에서는 더욱 도움이 된다. 지역에서 만들어지고 지역 사람을 고용하게 되고 지역에 이득을 환원하기 때문이다.

대기업이 지구적 자본주의에 편승하여 탈국가주의와 탈민족을 선언하고 앞다퉈 외국에서 '우리는 한국기업이 아니다.'고 선언하는 것에 비한다면 중소기업은 정말 국가를 위해서나 지역을 위해서 절실한 성장동력인 셈이다. 실제로 경제개혁연구소가 지난 2013년 발표한 기업들이 고용한 고용인원들에 관한 보고서에 따르면, 대기업보다 더 많은 성장 가능성을 지니고 있는 중소기업이 훨씬 더 높은 고용률 상승추세를 보였다고 한다.

또 중소기업중앙회의 통계자료에 의하면 현재 우리나라는 제조업 사업체 중 99.9%가 중소기업이며 거기서 생산된 제품을 나머지 0.1%의 대기업 중심으로 유통하고 있다. 심하게 말해서 한마디로 대기업은 가만히 앉아서 고리 뜯어먹는 형국이다.

반면, 지난 과거의 기업쇠퇴과정을 보면 기업 규모별 소멸률은 소기업 60%, 중기업 37.1%, 중견기업 2.3%, 대기업 0.5%다. 정부가 대기업 위주로 펼치는 정책들이 중소기업의 성장을 저해하고 일자리 창출 효과를 반감시킨 것이다. 더욱이 우리나라의 경우 특정 기업이 국가에 행사하는 영향력이 큰 편이다. 독과점을 통해 가격을 인상하는 일이 발생해 다른 제품을 구매하고자 해도 그 수가 너무 적고, 소비자들의 다양한 구매 욕구를 충족시켜주지 못해 결국 특정 대기업들의 가격 인상에도 불구하고 제품을 구매할 수밖에 없는 약자의 입장에 처하게 되는 경우가 상당하다.

이런 문제점은 과거 IMF를 통해서도 충분히 경험했지만, 바뀌는 것은 없었다. 이처럼 소수의 대기업에 국가의 경제를 의존하게 된다면 위기의 상황에 봉착했을 때 차선책이 없다는 것을 전 국민이 깨달았는데도 말이다. 대기업 위주의 경제 구조를 중화시켜주는 역할을 수행할 수 있는 것이 바로 중소기업밖에 없다. 중소기업은 자본주의 사회에서 경제적 기초를 뒷받침해주고 국내의 자본이 대기업에만 몰리는 것을 방지한다.

즉, 중소기업이 99%에 육박하는 한국사회 속에서 국민들의 소득을 새로이 창출하고 배분하는 과정을 통해 건전한 시장경제가 원활하게 돌아갈 수 있도록 하는 윤활유 역할을 하는 것이다. 당연히 중소기업의 사회적 영향력이 커질수록 '소득 재분배' 효과를 끌어냄으로써 안정적이고 건전한 시장경제가 조성된다.

이뿐일까. 중소기업의 성장과 지원은 더 많은 잠재적 글로

벌 경쟁력을 강화할 수 있다. 기존의 제품이나 혹은 제품이 진화된 형태에 안주하는 대기업들과 달리 하남공단에 소재하는 디케이산업(회장 김보곤)이나 주식회사 천일(회장 최봉규)과 같은 중소기업들은 지속적으로 새로운 물건을 가지고 시장에 진출하려 하기 때문이다. 능동적인 중소기업들의 자세는 기존의 기업들과 경쟁구도를 만들게 됨으로써 서로 더 발전할 수 있는 시너지효과를 연상시켜 글로벌 경쟁력을 강화시키는 또 하나의 발판을 제공해 주기도 한다.

그러나 우리나라는 중소기업에 대한 인식이 대기업에 대한 차선책 정도로만 생각하는 경우가 많다. 그리고 이런 중소기업은 지방정부에서도 아주 좋은 파트너임에도 불구하고 신음 속에서 산다. 가까운 나주에 소재하는 샬롬(대표이사 김정매)이라는 중소기업이 있다. 이 기업은 우리 지역에서 생산되는 농축수산물로 동결건조 식품을 만드는 기업이다. 20년 가까운 시간 동안 빌딩 3개를 팔아 식품제조업을 했지만 생산원가에도 미치지 못하는 대기업 하청구조와 우리나라 대기업 지배적 유통구조 상황으로 힘들어하고 있다.

'이러한 구조적 상황은 언제까지 계속되어야 할까?'

중소기업의 절망,
지역의 절망

중소기업은 '대기업이 되지 못한 회사'가 아니다. 아울러 '대기업이 되기 전 단계에 있는 힘없는 회사'도 아니다. 단지 중소기업은 그 자체로도 충분한 사회의 동력이며, 현대 자본주의에서는 국가의 기본 뼈대를 구성하는 부류다. 지방분권이 잘되어 있고 연방국가인 독일에서는 대기업과 중소기업 상생이 잘된다. 이는 3가지 원칙을 충실하게 지키기 때문이다.

△협력업체의 참여를 제품기획 단계부터 참여시킨다.
△협력업체에 적정 수익을 보장해준다.
△협력업체 육성을 매우 소수정예로 하고 있다.

일반적으로 국내 대기업의 경우 자체적으로 개발계획을 세워 협력업체에 원가와 납기를 요구하는 경향이 강하다. 왜 이렇게 만들어졌는지에 대해서는 알려주지 않고 협력업체는 대기업에서 요구하는 원가와 납기일만 맞추라고 하는 것이다. 심하게는 대량주문 유혹으로 생산원가에도 미치지 못하는 납품 원가를 요구한다. 그럼에도 불구하고 수많은 중소기업은 금융기관에서 필요로 하는 매출액 추이를 나타내는 '부가가치세 과세표준증명원'을 맞추기 위해 울며 겨자 먹기 식으로 납품을 한다. 그동안 세무대리업을 하면서 보아온 내용이다.

하지만 독일 대기업의 경우, 제품개발 초기부터 함께 머리를 맞대고 고민한다. 협력업체가 좀 더 제품을 명확하게 이해해야지 더 큰 가치를 만들어낼 수 있기 때문이다. 우리나라에서도 독일처럼 신뢰를 바탕으로 대·중소기업 간 갑을이 아닌 동반자를 추구하자는 목소리는 계속 있어왔다. 멀리 볼 것 없이 2016년 11월 열린 중소기업학회 '대·중소기업 상생협력 모델 토론회'에서 나온 이야기만 가지고도 충분히 알 수 있다. 서울 중구 프레스센터에서 열린 이 날 토론회는 국회 산업통상자원위원회 소속 최연혜, 김병관, 조배숙 국회의원과 주영섭 중소기업청장 등 정계·학계·업계 관계자 약 100여 명이 참석했다.

첫 발제를 맡은 박광태 중기학회장은 대·중소기업의 상생협력을 위해서는 4가지 요소가 필요하다고 말했다. 4가지 요소로는 △대기업의 생태계적 사고 △중소기업의 글로벌화 △플랫폼 △신뢰구축을 꼽았다. 박 회장은 "기업의 경쟁력은 한 기업의 탁월한 기술만이 아니라 모든 경쟁 요소들이 끊임없이 교환되는 생태계, 파트너 기업에서 나온다."며 "대·중소기업의 상생협력은 생태계를 어떻게 관리하느냐가 문제다."라고 강조했다.

또 김세종 중소기업연구원장은 "대·중소기업이 하청관계에서 벗어나 횡청관계로 바뀌어야 한다."고 말했다. '횡청'은 하청의 상대적 개념이다. 중소기업이 대기업과 동등한 조건에서 수주협상을 벌인다는 의미를 담고 있다. 이어 김 원장은 "한국경제에서 하청구조는 중소기업을 착취하는 기능을 하고 있다. 대기업이 중소기업에 일감을 주기도 하지만 중소기업이 대기업에 일감을 주는 구조, 횡청구조로 바꾸느냐가 중요하다."고 덧붙였다. 또 '거래의 공정성'도 역설했는데 납품단가를 낮추고 거래조건을 바꾸더라도 계약서, 규정에 의해서 해야 한다고 말했다.

사실상 대기업 독식구조는 대한민국의 고질적인 하청구조를 바꾸면 상당히 개선된다. 하청이라는 단어 하나가 가지는 무게는 엄청나다. 약자인 중소기업의 생존이 걸린 문제다. 반면 대기업은 하청업체 한둘 쯤은 사라져도 무방하다. 그들에게 줄을 서는 이들이 엄청나기 때문이다. 이러니 기술은 공유되지 않고 지시만 있다. 또 중소기업의 기술이 대기업에게 흡수되어도 손 놓고 있을 수밖에 없다. 대기업은 얼마든지 변형된 특허권을 가지고 있고 새롭게 획득할 수 있기 때문이다. 그들의 눈 밖에 벗어나면 중소기업은 더 이상 미래가 없다.

과거 1980~1990년대에 비해 대기업과 중소기업 간 임금 격차는 더욱 벌어졌다. 현재는 중소기업의 월평균 임금이 대기업의 56.7%로 그 절반을 겨우 넘는 수준에 그치고 있다. 결국 대한민국에서 중소기업은 대기업의 사냥터에 기생하거나 그들을 피해 다니는 불쌍한 초식동물로 전락하고 마는 것이다.

중소기업을 보호해줘야 하는 정부는 대기업 쪽으로 더 기울어져 있고 대기업은 빵집, 커피숍, 떡볶이까지 점령한 판국이다. 이렇게 따지고 보면 우리 사회는 공정하지 않은 사회이다. 대기업에 대한 정부 지원이 1조 원대라면 중소기업에 대한 지원은 불과 몇억 원대이기 때문이다. 정부는 종종 언론 홍보를 통해 수천억 원대를 지원하고 있다고 하지만, 그 수혜를 입는 기업이 수십만 개라는 것을 감안하면 정작 한 중소기업에 돌아가는 금액은 정말 적다.

일반인에게 1억 원은 큰돈이지만, 중소기업에게 있어 1억 원은 한 달에서 많게는 석 달 정도의 운영자금이다. 즉, 근본적인 위기를 극복할 수 있는 금액은 아닌 데다, 장기적인 활로를 뚫기 위한 투자금액으로도 활용하기 어렵다. 그럼에도 이 지원금이라도 받은 기업은 운이 좋은 케이스다. 정부 청사 문턱이 닳도록 뛰어다니고 수십 장의 서류를 제출해도 '해당사항 없음'이라는 통보를 받는 기업이 훨씬 더 많다.

그런데 뉴스에서 대기업 지원 금액이나 세금감면 액수를 보면 '우리가 같은 세상에 살고 있나'하는 의심까지 들게 된다. 우리나라 경제성장률은 1980년대 8.6%에 달했지만 90년대 6.7%, 2000년대 4.4%로 하락을 지속, 현재는 2~3%대 성장에 정체돼 있다. 아울러 삼성·현대·SK·LG 4대 그룹의 1년 매출액이 국가 GDP의 60%에 육박하는 등 대기업과 중소기업 간 양극화도 심화되고 있다.

결국 30대 상장기업의 현금유보액은 2017년 3월 말 기준 700조 원에 달한다. 한국경제는 지금 저성장·양극화의 늪에 빠져 있는 것이다. 이를 개선하기 위해서는 두말할 것도 없이 중소기업의 투자 활성화가 필요하다. 경제 활성화를 위해선 투자와 소비가 필요하지만, 투자가 부족한 탓에 소비도 진작되지 않는 악순환에 빠져있기 때문이다.

그렇다면 왜 투자를 안 하는 것일까? 중소기업 대표들 사이에서는 "대기업이 연구 투자를 꺼리는 이유는 투자할 대상이 없기 때문이고, 중소기업은 투자할 대상은 있지만 투자할 자금이 없기 때문"이라는 푸념이 지배적이다. 한쪽은 돈이 넘쳐나는데 쓸 곳이 없고 다른 쪽은 돈이 없어서 뭘 할 수가 없는 상황인 것이다.

덧붙여 지난 8년간 대기업 법인세 공제액이 대폭 증가하면서 실제 납부한 법인세는 제자리였다. 아무리 수익이 늘어도 공제액이 커지면 법인세 실제 납부액은 증가하지 않는다. 법인세 감면세액이 과도하다는 지적이 나오지만 정부는 오히려 세법개정안에서 법인세 감면 축소를 적게 했다.

그 결과 지난 2014년 대기업이 연구·개발(R&D) 등을 통해 감면받은 세액은 4조9,757억 원으로 2008년(3조5,456억 원)보다 1조4,301억 원이 늘어났다. 감면액 증가율은 2008년 대비 40.3%나 된다. 여기에 R&D 세액공제, 임시투자세액공제 등 각종 감면은 대기업 중심으로 설계되어 있다. 공제율도 너무 높고 원천기술, 신성장동력 등 공제대상도 대기업에 해당하는 항목이 많다.

반면 중소기업의 경우 같은 해 공제감면액은 2조2,283억 원으로 2008년(2조2,307억 원)과 거의 차이가 없었다. 중소기업이 낸 법인세는 지난해 7조2,501억 원으로 2008년(7조3,763억 원)과 비슷했다. 대기업은 법인세 감면을 듬뿍 받고, 중소기업은 별다른 수혜를 받지 못한 것이다.

문재인 정부는 대선공약에서 기업 관련 세제개선을 약속했고 인수위원회 성격인 국정기획자문위원회(위원장 김진표)에 전문위원으로 참여했던 구재이 세무사는 향후 대기업에 대한 감면을 단계적으로 축소하고 대기업의 법인세율을 추가조정하는 것을 제시했다. 최근 정부가 2018년부터 시행하는 2017년 개정세법은 조세지원제도를 일자리 중심으로 전면 재편하고, 소득재분배 개선을 위해 대기업 3000억 초과 최고세율 25%, 고소득층에 대한 과세는 5억원 초과 최고세율 42% 구간을 신설 강화하고 서민과 중산층의 세 부담은 축소하여 재정의 적극적 역할 수행을 위한 세입기반을 확충하였다.

중소기업의 비애라고 단정 짓기엔 사회의 격차가 너무 크다. 우리나라는 지역의 격차도, 기업 간 격차도 줄이기 어려울 정도로 벌어지고 있다. 우리 지역의 중소기업은 더욱더 취약한 상황이다. 경기 또는 영남권의 중소기업은 수천억 원의 매출이지만 우리 지역은 수백억 원만 되어도 큰 기업으로 분류될 정도이다. 규모의 산업경제면에서 기울어진 운동장인 셈이다. 정권이 바뀌면 더했다. 박근혜 정부가 만들어졌던 해의 일이다. 우리 지역 평동공단에서 삼성전자에 납품을 하던 중소기업인데, 삼성전자의 하청업체를 다른 지역으로 옮겨야 한다는 정부 지침 아닌 회사방침 때문에 결국 회사를 매각해야 하는 아픔까지 있었다. 이제 정권의 입맛에 따라 중소기업 정책이나 지원 그리고 대기업의 암묵적 행태가 차별로 이어지는 것은 그만해도 될 때가 됐다.

한편 지역 중소기업에 대한 지원을 중앙정부가 아닌 지방정부가 한다면 어떨까? 지역민들이 십시일반으로 모아온 돈을 중앙으로 송금하지 않고 온전히 지방에서 소화한다면? 더 이상 지방자치단체장이 대기업을 찾아 허리를 숙이고 "제발 우리 지역으로 와주십시오."라고 할 필요가 없어질지 모른다. 그런 방법은 정말 없을까? 이어지는 장부터는 그 방안에 대해 함께 공유하고 생각해 보는 시간을 갖고 대안을 제시하고자 한다.

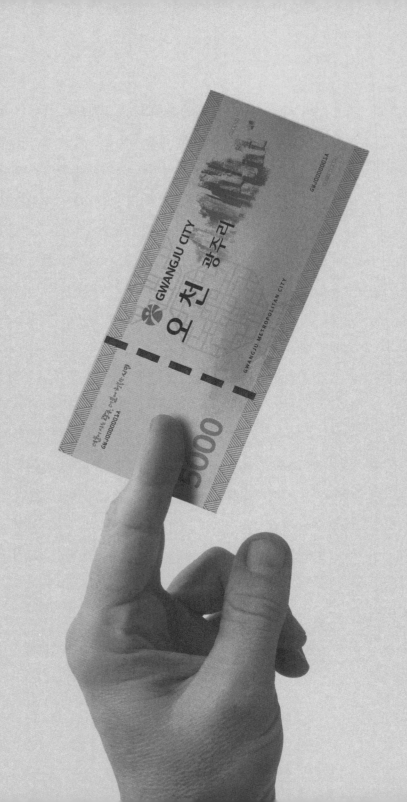

CHAPTER 2

지역화폐가
저성장 자본주의 시스템을
개혁한다

지역화폐에 대한 생각이 옳다고 본다. 중앙정부를 지역이 언제까지 해바라기처럼 바라봐야 하는가? 지역의 자생법은 없는가? 아니다. 있다. 있지만 누구도 하지 않는다. 나는 지난해 윤장현 광주시장에게 광주형 지역화폐 발행을 주장했다. 역시 광주시 간부들에게도 강연을 통해 역설하고 지역신문 칼럼에서도 지역화폐의 장점과 운용방법을 제시하였다.

저성장에 맞는
경제시스템이 필요할 때

최근 지역민을 만나기 위해 돌아다니다 늦은 시간, 간식을 사기 위해 송정공원역 근처 행랑체(**행복사랑복지교육협의체의 준말, 전영남 대표는 사람 냄새 나는 마을을 만들고 싶어 하는 일을 하고 있다.**) 마을에 있는 마트에 갔다. 한 자리에서만 20년 넘게 마트를 운영하고 있는 60대 부부 사장님과 이런저런 이야기를 할 기회가 있었다. 사장님은 지금 20~30대가 안타까운 듯 연신 한숨을 쉬었다.

"우리 세대야 어리고 젊은 시절에 힘들었지만 기술 있고 성실하면 다 먹고 살았는데 지금 애들은 무엇을 하려고 해도 힘들 것 같아요."

그는 젊은 세대에게 기성세대로서의 미안한 마음을 표현했다. 그의 말처럼 과거에는 경제상황이 좋았고 공급이 수요를 따라가지 못해 기업설비투자가 많아 일자리가 넘쳤다. 무엇을 해도 기회가 있었고 지금처럼 빈부격차가 심하지 않았다. 적어도 1970년대에서 IMF 외환위기 전까지는 직장에 다니면서 저축해도 내 집을 마련할 수 있는 기회가 있었다.

하지만 지금은 어떤가. 2%대 경제성장률이 말해주듯 지독한 저성장 시대에 우리는 놓여 있다. 기회는 하늘의 별 따기 수준이 됐고 대기업 입사는 흡사 고시를 방불케 한다. 설령 빈자리가 난다 하더라도 배경 없는 부모의 자식은 어느 자리 하나 들어갈 수 없다. 빈부격차는 너무 커서 올려다볼 상황도 되지 못한다. 내 집 마련 역시 그저 꿈이다. 3억, 5억, 10억 하는 집을 언제 저축하여 살 수 있단 말인가. 반면에 현 20~30대는 건국 이래 최고의 스펙을 자랑한다. 어학 능력, 컴퓨터 활용능력, 학력 수준, 각종 자격증 등 못 하는 게 없다. 그럼에도 일자리가 없어 비정규직, 인턴제 등 불안한 고용에 시달리고 '사노비보다 공노비가 좋다.'는 자조적인 말로 공무원 시험 최고 경쟁률을 매년 경신하고 있다.

이런 상황에서 청년들에게 꿈과 비전을 강의하는 것은 공허하기만 하다. 사회가 꿈과 비전을 이룰 수 있는 환경이 돼야 하는데 '금수저', '흙수저'가 어느새 대한민국을 상징하는 말이 돼버렸다. 즉 태어날 때부터 차별받는 세상인 셈이다. 대한민국은 6·25전쟁 이후 쉼 없이 달려왔다. 자원이 부족해 신발, 가발 등 가공무역으로 수출을 증대했다. 독일로 광부와 간호사를 파견했고 5,000명 이상의 사망자를 낸 베트남전쟁에서 달러를 벌어야 했다. 최근에 알려진 얘기지만 그 달러마저도 일정 금액만 지급하고 대부분 당시 박정희 정부가 쥐고 지금의 대기업이나 특정 지역의 SOC로 편중되어 들어갔다. 어찌어찌하여 노력한 대가로 단 50년 만에 원조를 받는 국가에서 원조를 주는 국가로 탈바꿈했다. 이는 세계에서 유례가 없을 만큼 기념비적인 기록이다. 모두가 자랑스러운 국민의 힘으로 이루어진 것이다.

하지만 1990년대 정부정책의 실패로 1997년 IMF와 2008년 세계금융위기를 겪으며 지금은 완전히 다른 경제 상황에 놓여있다. 한 번도 겪어본 적 없는 저성장 시대가 너무 오래 지속되고 있는 것이다. 몇 년 전부터 명품도 할인한다는 뉴스가 보이기 시작했다. 불패신화를 자랑하는 명품마저 세일을 하는 것이다. 당연한 말이지만 안 팔리기 때문에 세일을 한다.

실제로 최근 소비 트렌드는 '가성비'다. 금액대비 얼마나 효율이 높은지 보는 일이다. 과거의 허례허식이 아닌 실용성이 중심이다. 가성비 트렌드를 반영하듯 요식업에도 '무한리필'이 유행한다. 음식의 질보다 양으로 경쟁하는 추세다. 이외에 폭탄세일, 상시세일이 보편화되고 있다. 눈치 빠른 민간경제는 저성장에 발 빠르게 적응하는 것 같다. 생존을 위한 피할 수 없는 변화다. 이마저도 과도기일 것이다.

당연하게 정부도 저성장, 양극화 등을 해결하기 위한 경제 시스템을 제시해야 하는데 이명박·박근혜 전 정부는 성장 위주 정책을 폈다. 만약 현 문재인 정부의 J노믹스와 같이 국제노동기구(ILO)의 임금주도성장론과 OECD의 포용적 성장론을 겸비한 경제정책이 조금 더 빨리 왔었더라면 하는 아쉬운 생각이 든다. 어디 저성장뿐이겠는가. 고령화와 인구절벽도 눈앞에 두고 있다. 젊은이들이 연애는 물론 결혼, 직장까지 포기한 3포세대로 2세를 가질 엄두를 못 내고 있기 때문이다. 지역의 낙후도 빨라진다. 돈이 안 돌기 때문이다. 총체적인 난국인데 해결될 기미는 없다.

2017년 4월 부산발전연구원(BDI)이 아래 표에서 말하듯이 재정자립도나 지역 GRDP 면에서 우리 지역보다 더 나은 부산이지만, 저성장, 고령화, 양극화 문제를 집중적으로 분석하고 대안을 모색한 연구서 3권('**저성장 시대, 부산의 도시경제 정책**' '**고령화 시대, 부산의 도시기반 정책**' '**양극화 시대, 부산의 도시 정책**')을 발간했다. BDI는 이들 현상이 전 세계가 공통으로 직면한 과제이지만, 이를 해결하려면 개별 도시가 지닌 특수한 여건을 분석하고 지역 사정에 맞는 대책을 내놓아야 한다고 판단해 이번 연구를 기획하고 연구서를 발간했다. 대한민국 제2의 수도인 부산도 위기감을 느끼고 있는 것이다.

자치단체	자체수입(A)	2017년도 자치단체 일반회계 예산규모(B)	재정자립도[당초] (A/Bx100)
부산본청	4,0568,819	7,375,629	55.17
부산중구	36,909	121,376	30.41
부산서구	34,583	206,742	16.73
부산동구	31,655	190,661	16.60
부산영도구	29,783	220,833	13.49
부산부산진구	111,781	410,547	27.23
부산동래구	61,508	262,416	23.44
부산남구	81,122	258,539	31.38
부산북구	57,698	339,084	17.02
부산해운대구	141,454	441,923	32.01
부산사하구	81,837	377,720	21.67

부산금정구	72,675	301,648	24.09
부산강서구	119,937	222,539	53.89
부산연제구	58,003	235,270	24.65
부산수영구	55,570	218,222	25.46
부산사상구	71,308	290,452	24.55
부산기장군	150,974	400,080	37.74

　책의 면면을 보면 '저성장 시대, 부산의 도시경제 정책'은 최근 조선업과 해운업 위기로 부산의 저성장 기조가 장기화할 가능성이 높다는 점을 지적하며 이를 탈피하기 위해 도시의 경제정책 변화가 필요함을 강조한다. 이를 위해 '혁신주도 성장론'을 제안하는데, 그동안 부산의 경제 구조가 제조업에 많이 치중돼 있었다며 이제라도 이를 혁신적인 성장이 가능한 분야로 전환할 필요가 있다고 지적한다.

　이를 위해 BDI는 △창조 인적자원 육성 △기술기반형 창업 활성화 △산학연 효율화 방안 △강소기업 생태계 조성 △서비스산업 혁신 방안 △사회적 경제 활성화 △미래 기술의 경제적·사회적 신성장 동력화 등의 대안을 제시한다. 또 '고령화 시대, 부산의 도시기반 정책'은 전국에서 고령화가 빠르게 진행되고 있는 지역 상황을 고려해 특별히 눈여겨봐야 할 연구서다. 부산은 이미 2015년 고령 인구가 전체의 14.5%를 차지해 고령화 사회에 진입했고, 2022년이면 초고령 사회에 도달할 것으로 추정된다. 우리 지역인 광주와 전남은 이보다 더 빠르게 진행되고 있다.

BDI는 고령 인구의 삶의 질 개선을 위한 기반여건, 즉 경로당 같은 노인을 위한 시설을 포함해 주거환경, 생활환경, 보행환경(대중교통) 등의 현황을 분석하고 정책적으로 이들 인프라의 보완이 필요하다고 지적한다. 특히 고령 인구의 수요가 높을 것으로 예상되는 스마트 분야의 인식 확산이 필요하다고 지적하는 것이다.

마지막으로 '양극화 시대, 부산의 도시 정책'은 부산 시민의 양극화 현황을 분석하고 해결 방법을 모색한다. BDI는 소득, 교육, 문화, 건강 등 분야별 불평등지수를 분석하고 경제, 노동, 사회복지, 사회투자의 측면에서 양극화 해소를 위한 과제를 도출한다. 여기서 주목할 것은 양극화 해소를 위해 소득 같은 특정 분야만 해결할 것이 아니라 모든 분야에서 총체적으로 사회적 불평등을 해소할 수 있는 '계층 인지적 정책'의 추진이 필요하다는 것이다. BDI는 또 저임금 체제 개선을 위한 방안으로 '생활임금제' 도입도 언급한다. 이러한 BDI 정책은 문재인 정부가 탄생할 것을 예견이라도 하듯 정부 기조와 맞춤이다. 역시 발 빠르다.

우리 사회는 사실상 위기 단계에 대한 경계 신호가 곳곳에 자리하고 있다. 경제도시인 부산마저도 미래를 위한 준비에 나서고 있는데, 정작 광주와 전남은 무엇을 하고 있을까? 경제 자립도는 낮고 젊은이들은 취업조차 못 하고 있다. 괜찮은 일자리도 많지 않다. 그나마 나은 것은 부산처럼 구조조정을 할 산업이 그리 많지 않기에 새롭게 유연하게 움직일 수 있는 장점이 있지 않은가? 마지막의 생활임금제 도입은 매우 긍정적이고 이 책에서 주장하는 기저 내용과 일치한다.

앞으로 우리 지역은 민주정부를 재탄생시킨 주역의 도시로 향후 2~3년이 중요한 기간이다. 이대로 내버려 둘 수는 없지 않은가. 그것은 기성세대로서 직무유기다. 이제 그 문제를 풀어나가는 실마리를 찾는 데 모두가 집중해야 할 시간이다.

돈이 돌아야
모두가 살 수 있다

부모님께서는 내가 초등학교 4학년 때부터 중학교 3학년 때까지 6년간 임차한 밭에서 담배 농사를 지었다. 조생종, 만생종까지 지어 밤늦게까지 담뱃잎을 따고, 묶고, 아침 일찍 건조장에 걸어 말리다 보니 12시 이전에 자본 적이 없고 6시 이후에 일어나 본 적이 없을 정도였다. 겨울에 들어서도 담배공출 시기로 담배 농사짓기는 1년 12달로 이어졌다. 그래서 가장 부러웠던 것은 소를 가지고 있었는 친구였다. 들로 나가 소 풀 먹이는 시간 동안 책을 읽을 수 있었기 때문이다.

어느 날 금호고등학교 동문인 박병일 선배님이 나에게 이런 질문을 하였다.

"김 회장은 왜 그렇게 인생을 열심히 살아?"

"요즘 4~50대 분들은 다 그렇게 열심히 살잖아요."

"그래도 내가 보기엔 김 회장은 사무실도 건실하게 운영하면서도 협회 활동은 물론 잡지사도 운영하고 고등학교 선후배들에게 귀감이 되고 있어요!"

"과찬의 말씀입니다. 선배님~ 실은 제가 마음이 아픈 과거가 있습니다. 제가 6학년 때 책임 아닌, 저의 책임으로 일찍 죽은 막내동생이 있어요. 그놈 것까지 두 몫을 살아야 합니다."

당시 나는 초등학교를 파하면 막내를 데리고 바로 담배밭에 가야 했는데, 어느 날 여차여차하여 막내를 데리고 가지 못했다. 그사이 바닷가에서 놀던 막내가 바다에 빠져 죽고 말았다. 동생의 죽음에 대한 충격과 죄책감으로 나는 제초제를 먹고 자살하려 했으나 실패한 이후 말 없는 아이가 되었다. 이후 함평중학교 1학년 시절로 기억한다. 사회과목을 가르치던 정인숙 선생님께서 "선사시대와 역사시대를 구분하는 것은 무엇일까?"라는 질문을 하셨는데 나는 혼자 손 들고 "문자입니다."라고 답하였다. 선생님께서는 나에게 칭찬을 해주셨고 그 이후 선생님의 격려로 공부에 취미를 갖게 되었다.

화폐가 무엇인지에 대해서도 중학교 사회과목 선생님으로부터 배웠다. 물물교환을 편하게 하기 위해 만들어진 교환의 매개체이고 가치를 저장하는 수단이다. 즉 물건값을 매기는 척도가 돈이다. 그래서 원시시대에 조개껍데기나 돌, 화살촉 등이 화폐로 쓰였던 것을 알 수 있고 좀 더 발전된 청동기 시대는 소금이나 가축, 나무를 사용하다가 금이나 은 등 귀금속을 거쳐 오늘날 종이돈의 시대로 발전해 왔다.

금융에 관심 없는 사람이라도 돈을 우리 몸의 피(blood)로 비유한 내용은 많이 들어봤을 것이다. 피는 우리 몸 구석구석에 산소를 공급하고 이산화탄소를 배출시킨다. 피를 움직이게 하는 심장이 멈출 때 사람들은 사망했다고 말한다. 삶과 죽음의 한가운데 피의 흐름은 너무나 중요한 요소이다. 돈도 그렇다. 중앙은행에서 아무리 돈을 찍어내도 지역 구석구석까지 돈이 흐르지 않으면 죽은 경제다. 세계적으로 양적 완화다 하며 돈을 찍어대지만 대한민국은 돈 가뭄에 시달리고 있다. 돈을 찍어도 돈이 흐르지 않기 때문이다. 누군가의 외침인 '그 많은 돈은 다 어디 있는가?'를 매일 경험하고 있다.

6년 전 지방 출장 때문에 운전하며 라디오를 들었다. 당시 '김제시 마늘밭 돈뭉치' 사건이 대한민국을 들썩였다. 사건인즉 30대 이 모 형제는 불법 도박 사이트를 운영하며 돈을 벌었다. 경찰에 수배되자 전북 김제에 있는 매형과 누나에게 돈을 맡긴다. 매형은 자신의 마늘밭에 돈을 숨긴다. 이 모 형제 중 동생은 체포되었고 형은 중국으로 도망갔다.

이렇게 마무리될 것 같았던 사건은 매형이 자신의 밭 근처에서 공사하던 포클레인 기사가 7억을 훔쳤다고 경찰에게 호소하며 세상에 알려지게 된다. 경찰은 돈이 더 있을 거라는 판단하에 매형의 마늘밭을 파헤치기 시작했는데, 파헤치면 파헤칠수록 돈뭉치가 계속 나왔다. 경찰은 5만 원짜리가 110억 원어치 나왔다고 발표했다.

당시 '110억짜리 마늘밭'이라며 소문이 나고 직장인들이 모이면 돈뭉치 찾으러 김제 마늘밭에 가자는 말이 유행했다. 라디오에선 김제 마늘밭 사건을 예로 들며 5만 원짜리 110억 원이 밭에서 잠자고 있다고 꼬집으며 우리나라 돈 가뭄 상황은 개인, 기업이 돈을 사용하지 않고 있기 때문이라고 지적했다. 우리 몸의 피 같은 돈이 돌지 않고 마늘밭에 있으니 답답한 심정을 라디오에서 이야기한 것이다.

돈이 돌지 않으면 사회 곳곳에서 수입, 소비가 살아나지 않는다. 그러나 중앙에서 발행하는 돈은 유통기한이 없어 은행에 넣어두면 금리에 따라 이자가 붙는다. 사용하지 않으면 무조건 이익이다. 즉 지금 대한민국에서 돈을 버는 가장 기본이자 정석적인 방법은 돈을 벌고 소비하지 않는 일일 것이다. 언제인가 돈을 많이 벌었던 어르신에게 그 비법을 물었다. 역시 답은 "안 쓰면 벌제!"였다. 만약 돈에 유통기한이 있고 이자가 아닌 은행에서 보관료를 받는다면 돈을 쓸 수밖에 없다.

물론 저축을 부정하자는 건 아니다. 그러나 만약 우리에게 돈이 두 개가 있다고 가정해보자. 하나는 중앙에서 발행하는 돈으로 모으고 저축하면 이자가 붙고 큰돈이 필요할 때 사용할 수 있다. 다른 하나는 유통기한이 있으며 사용할 수 있는 곳이 지역상권밖에 없다고 생각해보자. 유통기한이 있으니 당연히 사용을 하게 될 것이고 사용범위가 지역상권이니 당연히 이 화폐는 우리 몸의 피처럼 흐를 수밖에 없다. 저축은 개인의 경제활동이며, 사실 서민들에게 추천하는 자본 축적 방식이기도 하다. 그러나 안 쓰고 살 수는 없다. 소량이라도 우리는 생활을 위해서 돈을 써야 한다.

만약, 저축하는 돈과 소비의 돈이 다르다면 어떨까?
또 저축하는 돈보다 소비의 돈에 이득이 더 주어진다면?
소비의 돈이 지역에서만 유통되면서 지역민을 대상으로 각종 혜택이 주어진다면?

이것이 바로 지역화폐다. 어려울 것 없다. 지역화폐란 일정 지역사회 내에서만 통용되는 화폐를 통해 주민들 서로가 소유한 자원을 교환하는 제도를 말한다. 현재 대전의 '두루'를 비롯해 '과천품앗이'와 '서초품앗이', '성남누리' 등 다양한 지역화폐가 전국 각지에서 운영 중이다. 내가 하고자 하는 광주형 지역화폐는 기존 두루나 품앗이와 같은 형태는 아니다. 더욱더 확장되고 차원이 다른 지역화폐임을 전제로 한다.

강원도의 경우 전국 광역자치단체 중 처음 추진하는 '강원상품권'을 발행해 지역 자금의 역외유출을 최소화할 방침을 세우고 있다. 이미 다른 지역은 지역 내 공동체 운동 회복의 일환으로 지역화폐를 활성화시키고 있는 것이다. 그들 자치단체가 왜 지역화폐를 운영하겠는가?

더불어민주당 대선 후보 경선에 참여했던 이재명 성남시장은 대선공약으로 생애주기별 국민 2,800만 명에게 연간 100

만 원씩을 지급하겠다는 기본소득 구상을 제시하면서 이를 지역화폐로 지급해 560만 자영업자를 살리겠다고 밝힌 바 있다. 이미 성남시에는 지역화폐인 성남누리가 통용되고 있고 실제 사용 비중은 성남시 모란 5일장의 경우 사용 비중이 20%에 이른다. 이는 상인회 측에서 내놓은 수치다. 모란시장 상인회는 이 시장의 공약에 열광했다. 한 시장상인은 "지난달부터 상품권이 엄청 많이 들어왔다. 매출비중의 20%에 달한다. 상품권으로 청년배당을 시행해 주셔서 많이 들어왔다."고 말했다.

이 시장은 경선 기간 전북 군산을 방문해서도 "침체된 재래시장과 골목상권을 살리기 위해서는 국민 기본소득을 지역화폐로 지급하는 방식을 도입해야 한다."고 주장했다. 당시 그는 "올해 국가 예산이 400조로 이 중 자연증가분 17조 원과 기존 예산 중 3%만 조정하면 28조 원의 만들 수 있으며, 여기에 기본소득세를 도입해 국토보유세로 15조 원을 걷으면 충분히 43조 원의 재원을 만들 수 있다."며 "43조 원을 국민 1인당 계산하면 85만 원 정도로 군산 인구가 27만이니까 2,300억 원 정도를 지역에서 사용할 경우 자영업자는 물론 시장상인과 골목상권은 살아날 수 있다."고 강조했다.

아울러 "성남시에서 지급하는 청년배당과 산후조리비, 생활임금, 최저임금 차액 등을 합치면 연간 170억 원 정도"라며 "이것을 지역화폐로 성남재래시장, 소형 점포들에게만 쓰도록 했더니 재래시장 매출이 크게 늘어나고 비어 있던 점포들도 줄어들고 있다."고 설명했다.

이재명 시장의 지역화폐에 대한 생각이 옳다고 본다. 중앙 정부를 지역이 언제까지 해바라기처럼 바라봐야 하는가? 지역의 자생법은 없는가? 아니다. 있다. 있지만 누구도 하지 않는다. 나는 지난해 윤장현 광주시장에게 광주형 지역화폐 발행을 주장했다. 역시 광주시 간부들에게도 강연을 통해 역설하고 지역신문 칼럼에서도 지역화폐의 장점과 운용방법을 제시하였다. 그러나 리더십과 결단력이 필요한 일이었는지 몰라도 아직 시행되지 않고 있다. 그러나 더 이상 미룰 수 없다. 총체적인 난관에 빠진 지역이 살아날 길은 분명하다. 자생법이다. 자생해야만 지역도 나라도 산다.

관보다 민간이 주축돼야
성공하는 '지역화폐'

지역화폐는 독일의 경제학자 실비오 게젤의 저서 '자유토지와 자유화폐에 의한 자연적 경제 질서'에서 출발했다. 게젤은 자율적 시장 속에 능력만으로 경쟁하는 사회를 이상으로 추구했던 인물로서 화폐나 자본 같은 기득권에 기대지 않고, '감가하는 화폐' 도입으로 '돈이 늙어가는 사회'를 제시했다. 이것은 당시 상당한 센세이션을 불러일으켰다. 이후 세계 곳곳에서 지역화폐들이 유통되기 시작했다.

독일 바이에른주 뮌헨 인근에서 유통되는 '킴가우어'는 3개월마다 가치가 2%씩 줄어든다. '가지고 있을수록 손해를 보는 돈'은 앞서 말한 게젤이 처음 생각해 낸 것이다. 그는 다른 재화와 마찬가지로 돈에도 '수명'이 있어야만 막힘없이 순환해 경제가 안정될 것이라고 보았다. 실제 1932년 오스트리아 작은 도시 뵈르글에서 이 같은 화폐로 경제를 극적으로 회복시켰지만 14개월 만에 중앙정부 또는 제3의 힘이 작용되어 금지하고 말았다.

가난한 도시가 스스로 일어서는 데 결정적인 역할을 한 지역화폐도 있다. 빈곤층이 모여 사는 브라질의 콘준토 파우메이라스 지역에서는 돈이 마을 바깥으로 흐르지 않고 마을 안에서 순환하게 하기 위해 지역화폐 '파우마'를 쓰기로 했다. 브라질 화폐 헤알을 지역은행인 파우마스에서 지역화폐로 바꿔주는 방식이다. 파우마 덕분에 지역 내 소비 비중은 2011년 93%로 치솟았다. 가히 폭발적이었다.

노동시간을 돈으로 환산하는 시간화폐도 있다. 미국 뉴욕주 북부 이타카 시에서는 어떤 종류의 일이든 한 시간 일하면 '한 시간' 짜리 화폐를 받아 생활협동조합 매장에서 물품을 구입할 수 있다. 영국의 '브리스톨파운드'는 가장 넓은 지역에서 유통되는 지역화폐다. 시 정부에서는 연간 5만 파운드의 지원금을 내놓고 시장은 봉급을 전액 지역화폐로 받는다. 사업소득세 등 세금도 브리스톨파운드로 받고 있다. 내가 지역화폐 모델로 삼고자 하는 곳이 영국의 브리스톨이다. 지역화폐 사업을 도입하기 전 꼭 방문하고 싶은 도시이다.

대한민국의 경우 대전 지역의 두루는 회원이 물품이나 서비스를 일정액의 두루로 판매하면 계좌에 그만큼의 액수가 '플러스'로 기록된다. 반대로 소비하는 회원의 계좌에는 같은 액수가 '마이너스' 기록으로 남는다. 두루에는 마이너스 한도가 없고 서울 은평구의 지역화폐 '문' 등은 한도를 두고 있다.

좀 더 지역화폐를 살펴보자면, 지역화폐는 1930년대부터 등장해 1983년 캐나다 코목스 밸리 마을의 '레츠(LETS)'를 시작으로, 다양한 형태로 변하기 시작한다. 호주의 '에코(Eco)', 미국의 '타임 달러(Time dollar)', 일본의 '아톰 통화' 등이 대표적인 사례다.

국내에서는 1996년 잡지 '녹색평론'에 그 개념이 처음으로 소개된 뒤 1998년 '미래를 내다보는 사람들의 모임'에서 '미래화폐'를 만들면서 시작되었다. 당시 IMF국제통화기금 관리 체제를 맞은 시점이라 대안 화폐에 대한 사람들의 관심은 매우 컸다. 현재는 전국 각지에서 약 30여 개의 공동체가 운영을 이어가고 있다. 이에 더해 광역단체로는 전국 최초로 강원도에서 지역화폐를 발행하여 소비 촉진과 내수 증가를 도모하고 있다.

서강대학교 경영학과 김용진 교수는 잡지 <이슈메이커>와의 인터뷰에서 "지역공동체 화폐는 지역 안의 업체에서 소비를 하도록 유도할 수 있기 때문에 지역경제 활성화를 가능케 한다."고 설명했고, 가톨릭대학교 소비자학과 천경희 교수도 "지역화폐를 통해 지역 주민들 사이의 거래가 활발해지면, 이는 지역 발전의 원동력으로 작용할 수 있다."고 말했다.

그렇다면 성공사례는 어떠한가. 외국 말고 국내 말이다. 있다. 바로 2000년에 창립한 대전의 '한밭레츠'다. '두루두루(널리)' 쓰인다는 의미를 가친 '두루'를 화폐 명칭으로 하며 1두루는 대한민국 통화 1원에 해당한다. 약 700여 가구가 회원으로 등록되어 있는데, 식료품 구매와 중고 물품은 물론 의료 서비스도 영역에 포함되어 있다. 자본과 전문가 없이 자생적으로 구축한 시스템을 두고 해외에서도 큰 관심을 갖고 벤치마킹할 정도다.

대전에 거주하는 한 주부는 10년째 '두루'를 이용하고 있다며 "회원들끼리 지역화폐를 통해 거래하면서, 서로 많은 대화를 나누고 소통하며 이웃 간의 정을 느끼게 된다."고 말했다. 최근에는 지역화폐 공동체를 공유경제와 접목시키는 사례도 나오고 있다. 서울 은평구의 '은평e품앗이'는 지역화폐인 '문'을 통해 캠핑장비, 공구세트 등 가끔 사용하는 물건을 빌려주거나, 은평문화예술회관에서 열리는 공연도 즐길 수 있다. 공유경제 모범사례로 선정돼 서울시로부터 주민참여예산 20억 원을 지원받기도 했다.

지역화폐는 현금 지출을 줄일 수 있고, 당장 화폐가 없더라도 우선 소비한 뒤 타인에게 재화나 용역을 제공하면 된다는 장점이 있다. 신용카드가 아니어도 말이다. 또한, 지역화폐가 지역 외로 빠져나갈 수 없어 지역경제 활성화에 도움이 된다는 점도 메리트다. 무엇보다 이웃 간 단절된 소통을 활발하게 만든다.

문제는 있다. 일단 참여가 저조하면 지역화폐는 끝이다. 또 홍보와 편의성도 절실하다. 현재 대한민국에서 실행하는 지역화폐 운영집행부는 대부분 주민들을 대상으로 지속적인 홍보와 교육을 진행하고 있지만, 여전히 대다수 주민들은 그 개념에 대한 이해가 부족한 것이 사실이다. 거래를 한 뒤 사용 현황을 직접 수기로 작성하거나 온라인 커뮤니티에 올려야 해 기존 화폐에 비해 적잖은 불편함도 존재한다.

그뿐만 아니라, 성공사례의 뒤에는 지자체를 중심으로 의욕적으로 출발한 공동체가 단체장이 바뀌면서 흐지부지되는 실패 사례도 많았다. 결국 다시 말해 지역화폐의 성공은 관 주도보다는 민간의 주도로 이뤄져야 한다는 것이다. 즉 민관이 어우러진 거버넌스 형태가 좋다. 당연하게도 대안화폐인 지역화폐는 공동체의 신뢰를 바탕으로 스스로 필요성을 느껴서 시작하지 않으면 성공하기 힘들다.

붕괴되어가는 공동체를 되살리고, 지역경제를 활성화시키겠다는 판단하에 자발적으로 시작해야 성공 가능성이 높다는 것이다. 이 때문에 민간이 아닌 도 단위에서 세계 최초로 발행하는 강원도의 '강원 상품권'에 대한 자치단체의 관심 역시 상당하다. 한 가지 안타까운 것은 우리 지역의 경우 전국적으로 사용되는 온누리상품권은 있지만, 지역화폐는 거론조차 되지 않는다는 것이다. 왜일까? 당장 쓸 돈도 없기 때문이다. 돈이 없으니 돈을 안 쓴다. 지역화폐가 무슨 소용이 있겠느냐는 생각이다.

아니다. 돈이 없어서 안 쓰는 게 아니라 돈이 안 돌기 때문에 못 쓰는 것이다. 그러니 돈이 돌게 만들어야 한다. 지역화폐를 만들어서라도 우리끼리 돌려야 한다. 오히려 지역화폐야말로 우리 광주·전남에서 가장 필요한 것이다.

저출산 시대,
죽은 노동을 살려야

"정부야, 아무리 나대봐라. 내가 결혼하나? 고양이랑 살지."

어느 여성단체가 국책연구기관인 보건사회연구원 발표에 반발해 시위하며 사용한 구호다. 시위를 시작한 이유는 보건사회연구원이 저출산 대책으로 '고소득, 고학력 여성의 눈을 낮춘 결혼을 유도한다.' 등 부적절한 출산대책을 내놓자 이에 반발한 것이다.

지금 대한민국은 수십조 원을 써가며 개인 소득과 학력을 정부가 관여해서라도 출산을 장려하기 위해 고군분투 중이다. 내년 9월부터는 5세 이하 영유아에게 매달 10만 원씩 아동수당을 지급할 예정이다. 그만큼 저출산이 심각하다는 뜻이기도 하다.

지금으로부터 12년 전 영국 옥스퍼드 대학 데이비드 콜먼 교수는 충격적인 발표를 한다. 인구 소멸로 사라질 나라 1호로 동방의 나라, 'Republic of Korea'로 발표한 것이다. 시기는 분분하지만 대략 2750년으로 보고 있다. 2750년쯤이면 대한민국 인구가 없어 역사 속으로 사라진다는 뜻이다. 허무맹랑한 말 같지만, 출산율을 생각하면 다가올 섬뜩한 미래 같기도 하다. 실제로 우리나라는 OECD 국가 중 출산율 꼴찌가 십 년 넘게 이어져 오고 있다.

12월 3일 미국 중앙정보국(CIA) '월드팩트북(The World Fact-book)'에 따르면 올해 추정치 기준으로 여성 1명이 평생 낳을 것으로 예상하는 평균 출생아 수를 뜻하는 한국의 합계출산율은 1.26명으로 분석 대상 세계 224개국 중 219위를 차지했다. 우리나라보다 합계출산율이 낮은 국가는 싱가포르(0.83명), 마카오(0.95명), 대만(1.13명), 홍콩(1.10명), 푸에르토리코(1.22명) 정도이다. 기대수명이 82.5세로 세계 11위의 장수국가인 우리나라는 고령화도 가파르게 진행되어 경제·사회 전반에 큰 충격을 주고 성장잠재력 추락으로 이어질 수 있다는 경고가 잇따르고 있다. 통계청이 2017년 4월 발표한 가구예측에 따르면 2045년에는 독거노인 가구가 전체 1인 가구의 절반에 육박하게 된다.

이미 정부는 2006년부터 2015년까지 1, 2차 출산율 대책을 세우고 80조 원이 넘는 예산을 투입했지만, 출산율은 점점 줄어들고 있다. 다급해진 정부는 3차 출산율 대책에 수조 원을 투입한다고 발표했다. 그런데 출산율이 예산만 투입해서 해결될 문제인가? 그리고 예산은 어디에 투자하는가? 아무래도 그 돈은 홍보비와 관련 기관의 유지비일 듯하다.

출산율 뉴스가 나올 때마다 인터넷 댓글을 보면 일반 국민이 진짜 아이를 낳지 않는 이유가 무엇인지 모른다고 정부대책을 꼬집는다. 국민이 원하는 출산대책과 정부가 생각하는 출산대책에 틈새가 있다는 것이다. 저출산의 근본적인 대책은 출산에 대한 인식을 변화시키는 일이지만 현실은 녹록지 않다.

1인 가구 증가와 높아지는 취업연령, 상상을 초월한 집값, 결혼에 대한 변화, 그리고 막대한 교육비 등이 출산을 가로막고 있다. 낳지 않는데 억지로 낳으라고 할 수는 없다. 하다못해 교육비만이라도 낮추면 될 일이지만, 수백조 원의 자산가인 학원 재벌들은 보수와 진보로 갈라진 정치권을 업고 도통 말을 들으려 하지 않는다.

2017년 4월 정부는 5기 저출산·고령사회위원회 첫 회의에서 사업계획을 의결했다. 이번 회의의 분위기는 이전과 상당히 달랐다는 후문이 돌 정도로 비장했다고 한다. 민관 위원들이 총력대응 필요성을 공감하면서 비상한 각오를 해야 한다는 말까지 나왔으니 그 심각성을 인지한 모양이다.

5기 위원회 회의에서도 다양한 방안이 제시됐다. 우선 정부와 지방자치단체를 합해 지난해보다 8%가량 늘어난 43조 원의 예산을 투입하기로 했다. 예산만 봐서는 당장 그럴듯한 결과물이 나올 것 같다. 하지만 속 내용은 과거 대책의 연장선에 머물러 있다. 대대적인 아빠 육아 캠페인 추진, 저출산 극복 전국 사회연대회의 활성화 등이 추가된 정도다.

새로운 대안도 아니고 절박감이 느껴지지도 않는다. 앞서 말했듯 정부는 지난 2006년부터 수십조 원을 쏟아붓고도 출산율은 좀체 나아지지 않았다. 이제는 무작정 예산을 늘리기보다 제대로 쓰였는지 따져본 후 선택과 집중을 통해 제대로 된 성과 하나라도 내야 한다. 무엇보다 저출산·고령화는 주거·교육 등과 얽혀 있는 만큼 종합적인 접근을 해야 실효성 있는 대책이 나올 것이다.

차선대책 마련도 필요하다. 바로 노동인구를 유지하는 일이

성남시 아동수당도 현금 대신 지역화폐 지급… '지역 상권 활기' 기대

2017/11/06

【성남=뉴시스】정재석 기자 = 경기 성남시가 20일부터 두 번째 청년배당 지급을 시작했다. 시는 이날부터 '성남시 청년배당 지급 조례'에 따라 1991년 4월 2일부터 1992년 4월 1일 사이에 태어나고 성남시에 3년 이상 계속 거주한 청년에게 2분기 청년배당금을 지급한다. 2분기 대상자는 1만1,162명이다. 지난 1분기에는 1만574명이 청년배당을 받았다. 이재명 시장이 성남동 주민센터에서 2분기 청년배당을 신청하는 청년들을 격려하고 있다.

【성남=뉴시스】이승호 기자 = 경기 성남시는 내년 7월부터 만 5세까지 매달 10만 원씩 지급하는 아동수당을 현금 대신 지역화폐인 '성남사랑 상품권'으로 준다고 6일 밝혔다. 성남지역 아동수당 대상자는 지난달 말 기준으로 4만6,814명(전국 1.84%)으로, 매달 10만 원씩 지급하면 연간 561억7,000만 원이 든다.

아동수당을 지역화폐인 '성남사랑 상품권'으로 지급하면 위축된 전통시장이 활기를 띠는 등 지역상권 활성화에 이바지할 것으로 시는 기대했다. 시는 앞서 이달 3일 보건복지부 주관 지자체 아동복지 담당자 간담회에서 현금 대신 지역화폐를 지급하는 청년배당 사례를 발표했다.

시는 현재 만24세 청년에게 연간 100만 원씩 지급하는 청년배당과 산모에게 주는 산후조리비 50만 원 모두 '성남사랑 상품권'으로 주고 있다. 현재 청년배당과 산후조리비로 지급하는 '성남사랑 상품권' 회수율은 99.7%에 달한다. 시 관계자는 "연간 전국 253만4,473명에게 주는 아동수당은 3조413억 원에 달한다."며 "이를 성남처럼 지역화폐로 지급하면 전국의 지역상권이 활기를 띨 것"이라고 말했다.

jayoo2000@newsis.com

다. 정년을 늦추거나 청년의 사회진출 연령을 낮추는 등의 방법이 있다. 일본의 사례를 고민해야 한다. 1989년 일본의 출산율이 1.57까지 떨어졌다. 이른바 '1.57 쇼크'라고 불릴 정도로 사회에 큰 충격을 주었다. 일본은 여러 가지 대책을 세우고 20년이 지난 시점부터 조금씩 성과를 보이기 시작했다.

하지만 고령화로 생산인구감소를 막을 수 없었다. 일본이 내놓은 대책은 '1억 총 활약 플랜'이다. 생산인구를 최대로 끌어올려 인구 1억 명이 경제활동에 참여하는 플랜이다. 일본이 주목한 건 노인인구를 경제생산에 참여시키는 일이다. 경제생산에 참여하는 노인이 받은 수입은 지역화폐다. 지역화폐가 노동인구 수명을 연장시키고 있는 것이다. 지역에서만 활용되니 사실상 지방정부로서도 큰 부담은 없다. 발행해도 결국은 돌아오기 때문이다. 일본인은 연금조차도 소비하지 않을 정도로 근면과 저축성이 세계 1위다. 이렇다 보니 지역화폐가 대안으로 떠오른 것이다.

2012년 동아일보를 보면 지역화폐의 가능성을 발견할 수 있다. 동아일보는 당시 기사에서 일본 도쿄의 동쪽에 자리한 인구 25만 명의 '지바시' 유리노키 거리를 조명했다. 중국음식점을 운영하는 이시카와 요시카즈 씨(65)가 650엔짜리 소바 정식을 먹은 고객이 노란 종이를 하나 내밀자 선뜻 50엔**(약 750원)**을 깎아줬다는 것이다.

노란 종이는 만성적인 불황에 시달리던 유리노키 거리의 소규모 자영업자들을 살린 지바의 지역화폐**(LETS·Local Exchange Trading System)** '피너츠'였다. 이 거리의 식당, 부동산 중개업소, 양복점, 미용실 등의 가게들은 낡고 비좁은 내부 공간, 좁은 진입로, 백화점과 대형마트의 등장 등으로 1990년대 초부터 극심한 불황에 시달려 왔다. 하지만 1999년 피너츠가 등장하면서 죽어가던 골목길이 다시 살아나고 있다는 내용이다.

처음 등장했을 때만 해도 '아이들 소꿉장난 같다.'는 평가를 받던 지역화폐는 정착이 어려울 뿐, 일단 성공하기만 하면 지역경제에 호흡기를 댄다고 해도 과언이 아니다. 성공한 지역은 기적처럼 살아나고 동네를 정이 흐르는 생태 공동체로 복원시키기까지 한다. 또 지역주민 간 신뢰와 유대감을 강화하고 경제적 자립 능력이 취약한 계층에도 경제활동의 기회를 제공하며 지역 내 소상공인들의 부활을 촉진하고 자원 낭비까지 줄여준다.

특히 우리 광산지역은 도농복합 도시이다. 평동·동곡·임곡·본량·삼도·비아 등 비옥한 토지에서 생산된 농축임산물을 농협과 연계하여 로컬푸드 마켓을 만들어, 각종 수당을 지역화폐로 지급하여 소비하도록 하면 신토불이 효과로 일석이조보다 더 많은 다양한 효과를 낼 수 있다.

이뿐인가. 지역화폐로 바꾼 원화는 지방정부의 예산과 사업 자금을 더욱 원활하게 하고 곳간을 풍족하게 채워주어 다른 지역산업에 투자를 하거나 복지사업을 진행할 수 있다. 따라서 노령층에는 노동의 기회를 주고 지역 상인들은 더 양질의 지역 물건을 팔 수 있다. 당장 광주광역시 내의 공공근로원들에게 일부라도 지역화폐로 추가임금을 지불해보자. 6개월만 지켜보면 무언가 달라지는 것을 확연히 느낄 수 있을 것이다.

물론 지속적인 홍보와 교육이 병행돼야 한다는 전제조건이 있다. 하지만 가능성 있는 길이 있는데, 그냥 두고만 보기에는 우리 현실의 위기가 생각보다 크다. 망설이지 말자. 도전 없이는 얻어지는 것도 없다.

피너츠 클럽의
기적

　동아일보의 피너츠 클럽에 대해서 좀 더 자세히 이야기해
보자. 지역화폐는 특정 지역이나 집단 내에서만 통용되는 화폐
를 통해 상품과 서비스를 교환하는 지역경제 시스템으로 대부
분 실제 돈을 찍어내기보다 대개 통장계좌로만 관리한다. 최
근에는 실제로 찍어내기도 한다.

　현재 세계적으로 미국, 일본, 캐나다, 독일 등 세계 각국에서
약 3,000개의 지역화폐가 쓰인다. 일본 '지바시'에서 운영되는
피너츠는 당초 '지바마을만들기 지원센터'의 무라야마 가즈히
코 대표가 '피너츠 클럽'이란 단체를 만들어 개인회원인 소비

자에게 노란색 종이를, 기업회원인 가게 주인에게 하얀색 종이를 발급해 주면서 출발했다. 이 종이가 일종의 화폐이자 통장인 셈이다.

개인회원은 피너츠 클럽에 속한 가게에서 일반 손님보다 물건을 5~10%씩 싸게 사고, 그 대신 해당 가게의 잡일을 돕는 식으로 갚는다. 유리노키 거리에서 중국집을 운영하는 이시카와 씨의 경우 피너츠 클럽에 가입하기 전에는 폐점 위기에 몰렸다. 하지만 2012년부터 매출의 30%가 피너츠 회원으로부터 나올 정도로 지역화폐의 덕을 톡톡히 봤다.

단골들은 메뉴판을 만들어 주거나, 식당 청소를 돕는 식으로 자신이 할인받은 대가를 지불한다. 자연스럽게 이런 과정에서 개인회원은 주인과 인간적으로 친해져 더 자주 가게를 찾게 된다. 이시카와 씨의 가게에서 20m 떨어진 곳에서 이발관을 하고 있는 가이호 마코토(70) 역시 젊은 사람들이 모두 도쿄 인근의 대형 미용실로 가버리는 바람에 최근 몇 년간 어려움을 겪었다. 하지만 피너츠 클럽에 가입한 중장년층의 남자 손님들이 몰리면서 웃음을 되찾았다.

피너츠 클럽에는 현재 약 2,500명의 소비자와 60여 개의 가게가 참여하고 있다. 출범 당시 30여 개에 불과했던 가맹점이 두 배로 증가한 것이다. 덧붙여 성공한 지역화폐의 중요한 특징은 이자가 없다는 점이다. 오히려 플러스 계좌(+)가 되면 마이너스(-) 이자가 붙는다.

일본의 피너츠 클럽은 월 1%의 차감 방식을 택했다. 즉 한 회원이 봉사활동과 기부를 통해 1,000피너츠를 적립한 후 피너츠 클럽 소속 가게에서 500피너츠밖에 쓰지 않았다면, 매월 5피너츠 씩 줄어든다. 무라야마 가즈히코 대표는 "피너츠를 통해 물건 및 서비스를 적극 구입해야만 지역경제 활성화에 도움이 되는데 이를 사용하지 않고 쌓아두는 일은 피너츠 정신에 위배된다."고 말했다. 적자라고 불안할 필요도 없다. 다른 사람에게 상품, 서비스 등을 많이 빌려 마이너스 계좌가 되었다고 해서 반드시 이를 언제까지 갚아야 하는 게 아니기 때문이다.

독일 동남부 바이에른주 킴가우 지역에서 유통되는 지역화폐 '킴가우어' 역시 3개월마다 2%의 마이너스 이자가 붙는다. 마이너스 이자는 킴가우어의 유통을 더욱 촉진시킨다. 2003년 킴가우어가 처음 등장했을 때 불과 130명의 주민이 7만 킴가우어(7만 유로) 정도를 이용했지만, 8년 뒤인 작년에는 3,000명이 600만 킴가우어를 이용할 정도로 커졌다.

아파트에 살다 보면 승강기 안에서 통장을 뽑는다는 포스터를 보게 되는 경우가 종종 있다. A4용지에 후보별로 이력이 있고 간단한 공약이 적혀있다. 한쪽에는 선거방법이 나와 있다. 선거가 있는 날이면 아침 출근 전 투표를 한다. 또 다음날 당선된 사람의 당선 소감과 공약이행을 약속한 포스터를 볼 수 있다.

지방선거나, 총선, 대통령선거에 비하면 정말 작은 규모지만 풀뿌리 민주주의의 시작이 통장, 이장 선거가 아닐까 하는 생각이 들 정도다. 뽑힌 통장과 이장은 주민을 대표하는 사람이면서 주민이 임명한 사람한테 감사를 받는다. 그러나 독단으로 할 수 있는 일이 없다.

회의하고 회의결과를 주민에게 알리고 동의가 있어야 업무를 추진할 수 있다. 주민이 문제를 제기하면 소명도 해야 한다. 소명이 부족하면 법원에 소송을 걸기도 한다. 서로서로 견제하면서 발전해 나가는 것이다. 이 시스템이 모여 지역 대표는 지역에서 뽑고, 지역에서 생기는 여러 가지 일을 지역에서 해결하는 지방자치가 실현된다.

국민이 주인인 문재인 정부는 5대 국정과제 중 하나인 '고르게 발전하는 지역'의 목표가 국가기능 지방이양, 국세와 지방세 비율조정 등 강력한 지방분권을 강조하고 있어 동 단위 주민자치를 장려하고 있다. 우리나라의 지방자치제도는 1949년에 시작되었다. 하지만 전쟁과 정치 격변 속에서 제대로 시행됐다고 보기는 힘들다. 군사정권 시절에는 중앙집권적 권력을 위해 자치단체장을 중앙임명제로 시행하기도 했다. 군사정권으로 기나긴 시간 동안 제대로 된 지방자치는 열리지 못했다.

<1987> 영화에 나오는 이한열 열사 죽음의 대가로 직선제와 지방자치를 담은 1987년 개정헌법에 따라 1995년 문민정부가 세워졌다. 그리고 그에 의해 지역자치를 위한 선거가 시작되면서 지방자치 시대가 간신히 열렸다. 선거를 통해 주민이 지역 일꾼을 뽑고, 감시하며, 지역 현황을 해결하는 지방자치는 풀뿌리 민주주의의 필수적인 요소다. 이 필수적인 요소를 원활히 돌리기 위해 꼭 필요한 조건이 있다. 바로 돈이다. 2014년 누리과정 예산편성문제로 중앙정부와 지방정부가 대충돌을 했다.

전국 시, 도 교육감이 무상보육 예산 가운데 3~5세 어린이

집 보육료의 중앙정부 부담을 촉구하고 나선 일이다. 당시 최경환 경제부총리 겸 기획재정부 장관은 "어린이를 볼모로 정부를 위협하고 있다."라는 날이 선 말을 했다. 겉모습은 지방정부가 담당하는 교육청 소속 유치원은 지방정부가 부담하고, 복지부 소속 어린이집은 중앙정부가 부담하는 내용이었지만 본질은 지방재정 위기와 중앙정부의 무능, 무책임에 있었다.

오락가락하는 정책에 유치원, 어린이집은 혼란스러웠고 애꿎은 아이들과 학부모만 피해를 봤다. 중앙정부가 조금 더 현명한 리더십을 발휘하고 지방정부 재정이 좋았더라면 이런 일이 발생했을까. 냉혹한 이야기지만 복지도 결국 돈이다. 복지 말고도 지방자치를 위해서는 모든 일에 돈이 든다. 지방에 돈이 없다면 지방자치는 공허한 울림이며 결국 중앙정부 입김에 흔들릴 수밖에 없다.

다시 말해, 돈이 돌게 하고 지방정부를 살찌우게 하는 것은 더 이상 중앙정부의 몫이 아니다. 일본 피너츠 클럽도 중앙에서 만든 것이 아니다. 지방의 한 작은 단체가 시작한 것이다. 지방은 지방에서 할 일이 있다. 또 지방만이 가지고 있는 힘이 있다. 그것은 중앙에서 결코 할 수 없는 지역 공동체의 힘이기도 하다. 이제 그 힘을 발휘할 시기가 왔다.

지하경제와 거대 자본의 틈바구니

광주광역시 충장로에는 큰 지하상가가 있다. 종종 길을 건너기 위해 지나가는데, 의류판매장 입구에 계절이 지난 옷을 전시하고 폭탄세일을 하는 경우가 있다. 가격이 싸다 보니 저절로 눈이 간다. 그런데 다음과 같은 문구가 눈에 들어온다.

'NO 카드, NO 환불'

폭탄세일까지 하는데 카드로 결제하면 수수료도 붙고 세금도 정산해야 하니 'NO 카드'라는 것일 게다. 그러나 최근 국세청의 대대적인 단속으로 'NO 카드'는 쓸 수 없는 말이 되었다. 이런 거래는 앞에서 얘기한 마늘밭 정도는 아니지만 작은 지하경제라고 할 수 있다. 그러나 가까운 대만만 가도 유명한 만 둣집 가게는 현금만 받지 카드는 절대 받지 않는다. 현금과 카 드는 결제수단이지 이걸 국가나 법령으로 정해 강제하는 것 은 우리나라만의 일일 것이다. 우리나라는 현행 세법상 거의 모든 업종이 현금을 지불하면 현금영수증을 발행하도록 하고 과태료가 부과되는 제도가 있어, 이것마저 발행하지 않으면 근 거가 없어 탈루했다고 단정한다.

지하경제라는 용어가 일반인들에까지 보편화된 것은 몇 년 전의 일이다. 박근혜 전 대통령이 취임 초기 때 '지하경제를 활 성화(?)해서 예산 확보'를 한다는 정부정책을 발표하면서부터 다. 그 시기 '지하경제'란 이름으로 국민을 들썩이게 했던 사건 이 있었다.

'세계지하경제기구'

이름만 들어도 수상쩍은 느낌이 드는 곳에 3명이 투자했다 가 12억을 날린 사건이다. 자신을 세계지하경제기구 총재라고 소개한 50대 남성은 세계지하경제를 움직이는 사람을 모시고 있다면서 접근했다. 그리고 채권 양성화에 필요한 로비를 위 해 투자가 필요하다며 투자자를 모았다. 그의 가짜 채권에 속 은 사람은 3명이었다. 경찰 조사결과 피의자의 금고에는 무려

250조 원가량의 가짜 채권이 있었다.

유심히 보면 가짜라는 것을 충분히 알 수 있을 법도 하건만 이에 속은 3명은 지하경제에 대한 매력에 쉽게 빠져 앞뒤 분별하지 못하고 덤벼들었다. 조세도 피하고 규제도 받지 않는 지하경제는 분명 매력적인 투자처였기 때문이다. 지하경제는 대한민국뿐만 아니라 전 세계적으로도 골칫거리다. 페이스북을 하다 보면 미군복을 입은 여성들이 페이스북 친구를 요청한다. 사기적인 수법을 페이스북에 노출하기 위해서다. 이 모두가 지하경제의 한 부류다.

2013년 옥스팜이라는 구호단체는 '전 세계 부자들이 룩셈부르크 같은 조세회피처에 약 18조 5,000억 달러를 숨기고 있다.'고 발표했다. 우리 돈으로 무려 2경 원이라는 엄청난 규모다. 이 엄청난 돈이 페이퍼컴퍼니를 통해 흘러 들어가고 100% 조세를 회피한다. 당연하게도 세계가 들썩였다. 더 안타까운 것은 지하경제가 차지하는 비율이 OECD 국가 중 우리나라가 제일 높다는 것이다.

전북대학교 경제학과 김종희 교수가 발표한 '조세의 회피 유인이 경제성장과 조세의 누진성, 지속가능성에 미치는 영향에 대한 연구'에 따르면 한국 지하경제는 세계 최고 수준이다.

우리나라를 제외하고 OECD 국가 25개국 지하경제 규모는 지난 20년간 전체 경제의 평균 7.66%이다. 그런데 우리나라는 20년 평균 10.89%이며 조세 회피 규모는 3.72%로 분석됐다.

2014년 당시 GDP 기준으로 지하경제 규모는 161조 원, 조세회피 규모는 55조 원에 달한다. 지하경제는 조세정의에 심각한 문제를 일으키고, 성실한 납세자에게 허탈함을 유발한다. 특히 '유리지갑'이라 불리며 근로소득세를 내는 성실한 직장인에겐 상대적인 박탈감을 준다. 지하경제와 더불어 일상적으로 서민들에게 박탈감을 주는 것이 또 있다.

바로 대기업들의 거대 자본이다. 더불어민주당 광주시당 윤석구 연수위원장은 "막대한 자본으로 무장된 대기업들이 우리의 일상 곳곳에 침투해 동네상권의 씨를 말리고 있다. 공산품이야 어쩔 수 없다 하지만, 우월적 지위나 리베이트를 주면서 대기업이 우리 아이들이 먹는 학교급식까지 침투하여 우리 지역이 생산하는 농축수산물이 사용되지 않고 있다."라고 말했다. 이를 해결하는 유일한 방법이 지역화폐 발행과 그 사용이다. 대기업은 지역화폐를 원하지 않기 때문이다.

충남 논산 노성면에는 '윤증 고택'이라는 문화재가 있다. 윤증은 노론, 소론 분화 중심에 있었던 조선정치사상가다. 윤증이 살아있던 당시 누에치기는 농민들의 주요 수입원이었다. 그 벌이가 쏠쏠했는지, 자본과 인력이 충분한 지주들이 후발주자로 합류해 더 많은 부를 창출했다.

당연히 많은 누에가 생산되다 보니 누에가격은 내려갈 수밖에 없었고 그 영향은 가난한 농민에게 갈 뿐, 지주들은 타격이 없었다. 그들은 농민들이 망하면 오히려 그 작업장을 사들이면서 현대의 재벌처럼 부를 더욱 공고히 했다. 이런 모습을 본 윤증은 자신 집안만큼은 "누에고치를 치지 마라."라는 강력한 지시를 내린다. 이 말은 오랫동안 지켜지며 1950년 6·25전쟁까지 이어진다.

이 이야기는 좀 더 이어져서 6·25전쟁으로 인민군이 논산까지 내려오고 윤증 고택에 임시 사령부를 만들었다. 이 첩보를 얻은 미군은 즉시 윤증 고택 폭격을 지시한다. 폭격 소식을 접한 '박 씨'라고만 알려진 통역관은 폭격중단을 요청했다. 하지만 받아들여지지 않았다. 마음이 급해진 박 씨는 조종사에게 달려가 "당신이 폭격하려는 집은 한국에서 유명한 집이요. 그 집을 폭격하면 후손들이 당신을 평생 원망할 것이요."라고 말한다. 이 말을 들은 조종사는 근처의 산에 폭탄을 투하하고 상부에는 오폭했다고 보고한다. 결국, 윤증 고택은 온전히 보존될 수 있었다.

박 씨라고 알려진 통역관은 윤증 고택 주변에서 누에고치로 생계를 이어온 농민의 자손이었다. 당시 영어를 할 만큼 고등교육을 받을 수 있었던 교육비도 누에고치로 얻은 수입이 아닐까 추측한다.

이 일화에 대해 유명 칼럼니스트 조용헌 교수는 "지금 거대 자본을 가진 대기업들이 한 번쯤 생각해야 할 일화"라고 꼬집어 말했다. 대기업이 정말 큰 위기가 왔을 때 평범한 사람들이 대기업을 지켜줄지 아니면 위기 때 모른 척할지를 알 수 있다는 말인 것이다. 일화를 통해 교훈을 얻었다면 당장 대기업은 급식사업을 포기하여야 할 것이다.

거대 자본의 골목상권 침해 뉴스가 나올 때마다 대기업 1세대 경영자 이야기가 생각난다. '산업의 쌀'로 불리는 반도체는 대한민국 수출 효자다. 경제가 어렵지만, 반도체 특수를 누리는 수원, 평택, 아산, 파주가 활력이 넘친다는 기사를 볼 때 흐뭇해지는 것은 사실이다. 우리나라에 반도체 산업 태동은 삼성 초대 이병철 회장의 '2·8 동경선언'의 결단이었다. 당시 이병철 회장은 반도체 산업 진출 여부를 놓고 고민했다.

당시 세계는 작은 나라 한국, 그곳의 기업이었던 삼성을 비웃었다. 하지만 삼성은 갖은 노력 끝에 사업선언 2년 만에 반도체를 생산하는 기염을 토해낸다. 당시 삼성의 반도체 산업 도전은 엄청난 자금을 투자했기에 실패하면 회사가 없어져야 할 만큼 사활이 걸린 일이었다.

우리나라는 외국보다 기업 역사가 매우 짧다. 그렇지만 이병철, 정주영 등 걸출한 경영인을 만들어낸 자부심도 있다. 가끔은 기업인 중에 두 분 회장처럼 대규모 투자나 과감한 결단을 내렸다는 뉴스가 그리울 때가 있다. 지금은 걸출한 경영 1세대가 물러나고 2~3세대의 경영이 시작되면서 사업을 문어발식으로 다각화(?)했다. 중소기업이 해도 될 제조업종은 물론 동네 서비스업까지 진출하고 있다.

대규모 자금이 들어가기 때문에 일반인이 접근하기 힘든 면세점이나 호텔 등은 대기업 자본이 필요하다. 하지만 몇몇 대기업 2~3세대들이 진출하고 있는 빵집, 치킨집, 카페 등 골목상권을 볼 때 씁쓸한 건 사실이다. 시장 경제체제에서 대기업의 골목상권 진출은 법으로 막을 수 없지만, 대기업이 가진 자본과 경영능력을 볼 땐 골목상권보다 이병철, 정주영 회장처럼 더욱 크게 움직이는 게 어떨까 생각해볼 일이다.

헤비급은 헤비급의 링에서 핀급은 핀급의 링에서 싸우는 것이 맞지 않겠는가? 안전을 추구한다면서 동네 상권을 자본으로 빼앗아 버린다면, 결국 종래에는 대기업 역시 더 큰 국제 기업에 먹히게 마련이다. 상생이라는 말을 그들이 잊지 않았으면 한다.

자본주의의 끝은 돈,
지역화폐의 끝은 사람

매년 발표하는 세계 부자 순위에 빠지지 않고 등장하는 인물이 마이크로소프트 빌 게이츠다. 2017년도 역시 그는 100조 원 가까운 재산으로 1위에 이름이 올랐다. 특별한 이변이 없는 이상 세계 부자 1위는 당분간 빌 게이츠로 유지될 전망이다.

이런 빌 게이츠다 보니 그와 관련된 재밌는 토론도 곳곳에서 이뤄졌다. 가장 유명한 토론이 '길을 걷다가 빌 게이츠가 100달러를 발견하면 허리를 구부려 주울까?'였다. 이런 토론이 성립되는 이유는 빌 게이츠는 1초당 150달러, 우리 돈으로 약 17만 원을 벌기 때문이다. 허리를 굽혀 100달러 줍는 3초간 빌 게이츠가 버는 450달러. 수지가 맞지 않는다. 그 시간에 통화를 하든 뭘 하든 기존의 부를 더욱 불리는 것이 이득일 수도 있다.

물론 웃자고 하는 토론이지만 결론은 훈훈했다. '100달러를 줍고 사회에 기부한다.'였다. 그 답은 다름 아닌 빌 게이츠가 내렸다. 한 기자가 빌 게이츠에게 이 토론의 내용을 알려주고 답을 물어봤기 때문이다. 전 세계에서 돈에 관한 이슈만큼은 빌 게이츠를 따라올 사람이 없다. 단순히 그가 많이 벌어서일 수도 있지만, 번 만큼 많은 수익을 사회에 환원하고 있기 때문이기도 하다.

빌 게이츠 얘기가 나와서 첨언하면 그는 "나의 성공비결은 어린 시절 우리 동네 작은 도서관이다."라고 말한다. 광산구는 마을공동체의 생활문화독서공간으로 119개의 작은 도서관을 가꿔 나가고 있다. 머지않아 우리 광산구에서도 제2의 빌 게이츠가 수백 명이 나올 수 있다.

세계 부자 순위 1등이면 자본주의 맨 꼭대기에 있는 사람이다. 경제학자나 이론가에 비해 경제지식은 부족할 수 있어도 결과로 본다면 자본주의를 그만큼 아는 사람도 없을 것이다. 그런 그가 2008년 스위스 도시 다보스에서 개최된 세계경제포럼

(WEF)에 나와 '창조적 자본주의(Creative Capitalism)'를 발표했다.

당시 그는 "자본주의는 부자들만이 아니라 가난한 사람들을 도울 수 있는 방향으로 가야 한다."고 말해 참가자들의 큰 박수를 받았다. 그는 하루 1달러도 안 되는 돈으로 살아가는 세계 10억 인구가 있음을 강조하며 사회를 통해 수익을 올리는 기업들이 사회에 환원할 의무를 이행하라는 말을 덧붙이기도 했다.

실제로 빌 게이츠는 기부를 멈추지 않았고 루게릭병 환자를 위한 '아이스버킷 챌린지'에 직접 참여하는 등 기부유행을 만들어내기도 했다. 자본주의 정점에 서 있는 그가 자본주의의 문제점을 지적하는 것은 주지할 만한 사실이다. 빌 게이츠 말처럼 우리 사회가 점점 부자만을 위한 자본주의로 흘러가고 있는 것은 부인할 수 없는 사실이다. 이러다간 세계 경제에 무슨 사달이 나겠다 싶을 정도다.

물론 기업들에 무조건 기부를 요구하는 건 그야말로 억지지만 기업의 이윤창출 원천을 생각하면 '창조적 자본주의'를 고민하고 실천해야 할 시점이 도래한 것이다. 기실 자본주의는 한 번도 뒤를 돌아보지 않고 뛰어왔다. 그 결과 브레이크 없는 기관차처럼 과거와는 비교도 안 될 정도의 부를 만들어내고 있지만 그 많은 부는 다 어디에 있을까? 다수가 아닌 소수에 집중되어 있다. 잘 살고 싶은 욕구를 채우기 위해 탄생한 자본주의가 과거 왕정 시대와 마찬가지로 다수가 아닌 소수를 위한 시스템으로 변화되고 있는 것이다. 빌 게이츠도 이 점을 걱정하고 있었다. 자본주의 끝이 사람이 아니라 돈으로만 가는 두려움 말이다.

인류가 생긴 이래 수많은 체제가 존재하고 진행되고 있다. 과거 이집트 파라오 같은 절대왕정 체제, 정치와 종교를 따로 보는 정교분리, 1인 지도자에 대한 절대복종과 반대자에게는 가혹한 탄압으로 이어지는 박정희 같은 독재주의, 아나키스트가 추구했던 무정부, 자본주의 문제점과 한계를 극복하기 위해 공동생산 공동분배인 사회주의, 재화의 사적 소유권을 기본권으로 하며 보이지 않는 손 즉, 시장의 힘으로 움직인다는 자본주의 등이다.

이 다양한 체제들은 발전하기도 하고 사라지기도 하며 수정 보완이 이뤄지기도 한다. 한 가지 확실한 것은 인류 역사 이래 영원한 체제는 없었다는 점이다. 자본주의 역시 여러 가지 문제가 나타나면서 다양한 대안이 등장하고 있다. 이들 대안의 대부분은 돈이 아니라 사람에게 집중하자는 것이다.

2016년, 전 세계인에게 자본주의의 새 화두를 던진 일이 스위스에서 발생했다. 스위스 국민이면 조건 없이 300만 원을 지급한다는 정책이 그것이다. 이 기본소득법안은 국민투표를 통해 결정됐는데 결과는 찬성 21%, 반대 78%로 통과되지 못했다.

하지만 이 정책은 전 세계인들에게 자본주의 문제점인 빈부격차를 극복하는 방안으로 기본소득이라는 대안이 있음을 주지시켰다. 기본소득의 지급, 듣기만 해도 엄청난 일이다. 범위를 우리나라 지역으로 좁혀보자. 멀리 볼 것 없다. 성남시가 지금 추진하고 있는 청년배당이 바로 그 예다. 지방정부에 돈이 있으면 구태여 정부의 눈치를 보지 않고 당당히 기본소득을 지급할 수 있다. 그렇다면 지방정부는 어떻게 돈을 만드는가? 이 책의 화두이며 핵심어인 지역화폐 '돈이 또 다른 돈'을 만들 수 있다.

지역화폐를 만들어 지역경제를 활성화하고 그 활성화를 통한 세수 증대나 여유자금이 축적되면 기본소득을 지급할 수 있게 된다. 처음에는 노인과 생활수급자를 대상으로, 그다음에 실직자와 취업 준비생, 나아가 보육과 교육, 결국 종래에는 모든 시민에게 혜택이 돌아갈 수 있게 한다면 빈부 격차를 최소한 지역에서만이라도 줄일 수 있게 된다.

너무 이상적인 이야기라고? 북유럽이 살기 좋은 나라로 손꼽히는 것은 복지 때문이다. 그리고 그 복지는 전 국민이 소득의 40%로 내는 세금에서 이뤄진다. 세금은 나라를 움직이는 원동력이며 지방세는 지방을 움직이는 원동력이다. 그렇다고 갑자기 높은 세율로 세금을 거둘 수는 없으니 우리 스스로 지방재원을 늘리기 위해 지역화폐를 사용하면 된다.

동네 상권이 대기업에 눌리지 않고 지역민이 많은 수익을 내면, 세금은 당연히 증가한다. 더욱이 지역화폐는 외부로 나갈 수 없는 순수한 지역에서 사용하는 돈이다. 있는 돈을 돌리자. 돈은 굴리면 굴릴수록 커진다. 자치단체는 뒤에서 지원만 해주면 된다. 지역의 각계각층이 머리를 맞대면 분명히 길이 열린다.

이제 중앙정부에 지방정부의 힘이 어떤 것인지를 보여줄 때가 충분히 됐다. 아니 문재인 정부는 이미 연방제 수준의 지방자치를 주장하고 있다. 그래서 세원구조도 국세와 지방세 비중이 현재 8:2지만 향후 6:4나 5:5 그 이상으로 갈 수 있다. 그러니 지혜를 모아보자. 우리라고 못 할 것은 또 무엇인가!

지역화폐
안 해봐서 못하는 것뿐이다

"삼촌! 대동여지도를 만든 김정호가 관청에 끌려가 국가 주요정보를 담았다는 이유로 고문받고 나라가 앞장서서 대동여지도를 모두 불살랐다는 것이 사실이에요?"

지금은 어엿한 직장인이 된 30대 조카가 중학생일 때 역사에 대해 이런저런 이야기를 나눈 적이 있었다. 당시 주제는 대동여지도 김정호에 관한 이야기였다. 기억을 더듬거려보니 고문받고 불살랐다고 배운 듯하다. 지금 교과서에도 이런 내용이 있는지 알 수 없지만 나도, 조카도 그리고 많은 사람들 역시 알고 있는 김정호와 대동여지도의 결론은 이것이었다. 하지만 정사를 살펴보면 다르다. 김정호는 벼슬을 받고 지도제작에 많은 공헌을 했다.

사실 김정호 대동여지도 왜곡은 식민사관 중 하나다. 김정호의 훌륭한 대동여지도를 못 알아본 무능한 정부가 지도를 태웠다고 그들이 강조한 것이다. 이는 너희는 우매한 민족이라는 논리가 저변에 깔려 있다. 돌아보면 조카랑 나랑 20년 정도 나이 차이가 있는데도 불구하고, 이 역사가 맞는지 둘 다 의심하지 않았다. 세대가 달라도 오류를 진실처럼 믿은 것이다.

이유는 간단하다. 그렇게 배웠기 때문이다. 우리들은 어렸을 적에 배운 상식을 성장하면서 뒤집는 경우가 거의 없다. 더욱이 교과서다. 교과서는 말 그대로 사실만을 기술해 놓은 책이다. 이 책을 통해 배운 것을 굳이 바꿀 이유가 없다는 점에서 우리들의 김정호에 대한 잘못된 오류는 상식으로 굳어져 버렸다.

지역화폐 활성화의 어려움도 이런 맥락에 있다. 지역화폐에 대해 배우지 못했고 설사 알고 있다 해도 상품권 정도로만 알고 있다. 교과서는 중앙정부에서 발행하는 국가화폐는 가르쳐 주지만 지역화폐는 가르쳐 주지 않기 때문이다.

"지역화폐요? 그게 뭔가요?"

나는 기회만 있으면 사람들에게 지역화폐 중요성을 이야기한다. 안타깝게도 반응은 위와 비슷하다. 개념 자체가 머릿속에 없으니 무관심할 수밖에 없다. 여러 국가에서 그리고 일부 지역이 지역화폐를 도입하고 있지만 제대로 된 지역화폐, 대안화폐 개념보다는 지역경제 활성화 정도에 그친다.

더욱이 지금 경제적 중추 역할을 하는 30~50대는 어린 시절 경제교육을 제대로 받지 못했다. 배워 봐야 건전한 소비 중심이 아닌 저축개념 정도다. 대학에서 경제를 전공하지 않으면 경제에 대해 구체적으로 알 수 있는 환경은 거의 없다. 실제 세무사로서 초중고 학생들에게 무료로 경제교육을 하려 해도 국영수 중심의 교육제도 아래에서 시간을 할당받는 것이 녹록지 않았다. 그래서 최근 혁신교육 전문가인 장휘국 광주교육청 교육감과 '청소년 세금교육 활성화와 민주시민 인재육성을 위한 업무협약'을 체결하였다. 장휘국 교육감은 내가 이사장으로 있는 사단법인 '우리민족'의 각종 사업을 위한 지원금 원천인 초중고 헌 교과서 수집에도 많은 도움을 주고 있다.

경제가 유지되기 위해서 돈이 흘러야 한다는 건 알지만 어떻게 흐르는 것이 좋은지는 알지 못하게 만드는 환경인 것이다. 무지한 것이 아니라 가르치고 배울 곳이 없어서다. 모르니 공감을 일으키기 힘들고 활성화도 힘들다. 사실 지역에서 상품권이 오랫동안 살아남는 경우는 그리 많지 않다. 잠깐 생겼다 사라지는 일이 반복되면서 '지역화폐', '대안화폐'의 개념 역시 상품권과 유사한 것으로만 인식되어 자리 잡지 못했다. 지역화폐를 활성하기 위해 가장 필요한 건 공감대 형성이다. '공감대 형성'을 위해 지역화폐가 얼마나 필요한지 인식시키고 지역화폐를 넘어 지역전자화폐로 바꾸는 다양한 지원이 있어야 한다.

이는 우리가 알고 있는 '돈'의 개념을 바꾸는 변화와 직결된다. 사람은 급격한 변화를 두려워한다. 태생적 특성이다. 급격한 변화는 스트레스를 동반하고 거부를 일으킨다. 반면 성공한 변화는 가랑비 오듯 천천히 스며들어간다. 지역화폐 활성을 위해 돈의 개념을 바꾸는 일 역시 급격하게 해서는 안 된다. 사람을 변화시키는 방법은 확실한 검증을 보여주는 일이다. 이미 지역화폐가 세계 곳곳에서 지역경제 활성화는 물론 생활의 질 향상에 큰 도움이 되고 있다.

이런 지역화폐를 도입하기 위해 언론과 손을 잡고 평생교육원, 공무원 연수원 등에서 지속적인 교육이 필요하다. 때에 따라서는 교육 단체를 만들어 초등학생 방과 후 교육과 중고등학교 특별 교육을 실시해야 한다. 알지 못하면 쓸 수도 없다. 지역을 살리기 위한 수단으로 인식하고 자치단체가 나서서 교육과 홍보에 매진해야 한다. 그래서 지역민들의 공감대가 어느 정도 성립됐을 때 지역화폐를 도입하면 된다. 자치단체와 대학과의 협력체계도 더욱 공고히 해야 한다.

일본의 경우 고령화와 지방쇠퇴 등으로 인해 대학과 지역사회 협력에 대한 공감대가 형성되면서 2000년 이후 협력이 급증했다. 요코하마시의 경우 지역 30개 대학과 정치적, 체계적인 협의체계를 운영 중이고 와세다대는 커뮤니티 육성과 활성화를 위해 지역화폐를 개발, 상권 활성화에 나섰다. 요코하마시립대의 지역 관련 강의는 2014년 104개가 개설됐고 지금도 더 늘어날 예정이다. 지역사회 공헌활동의 거점을 대학이 마련하기도 했다.

그러나 시간이 없다. 공감대를 빠르게 확산시킬 방안을 고민해야 한다. 할 수 있는 것은 하면 된다. 지금 우리 지역이 가진 인력과 환경을 최대한 활용해 지역화폐의 기초를 다진다면 머지않은 미래에 지역화폐로 인한 성공은 충분히 가시화될 수 있다. 모든 일은 준비 기간이 필요하다. 준비란 하고자 하는 일의 본질과 목표를 명확히 인지하는 행위다.

'겁을 먹는다는 것은 준비가 덜 된 것'이라는 말이 있다. 단순히 '우리가 만들었으니 이제부터 이거 씁시다.'라고 말하면 누가 쓰겠는가. 준비하자. 교육과 홍보를 하고 지역의 많은 시민사회 단체들을 설득하며, 토론회를 열자. 모두가 지역화폐가 무엇이며 왜 필요한지 정도는 알 수 있도록 계속 소통하자.

CHAPTER 3

지역화폐 확산을 위한
8가지 제안

화폐는 꾸준히 융통되지 않으면 확산이 어렵다. 결국 꾸준함을 위해서는 어떤 방향이 결정돼야 한다. 컨셉이 필요하다는 것이다. 분명한 컨셉은 에너지 낭비를 막고 선택과 집중을 할 수 있게 한다. 지역화폐는 여러 가지 컨셉이 있지만 크게 5가지 컨셉으로 분류된다. 물론 이외에도 다양한 컨셉이 있지만, 가장 큰 줄기를 찾는다면 위의 5가지로 압축된다.

지역화폐에도
컨셉이 있어야 한다

"지역화폐로 잘사는 지역을 만들자."

"지역화폐로 더불어 모든 사람이 행복한 도시가 될 수 있습니다."

누가 들어도 솔깃한 말이다. 지역화폐만 있다면 내 지역이 잘살고 행복할 수 있다는데, 이 얼마나 멋진 일인가? 말 그대로 지역의 화폐다 보니 주체나 확산의 대상을 지방자치단체로만 한정하는 사람도 있다. 물론 지역이 주가 되긴 한다. 하지만 확산을 위해서는 정부의 협조도 필요하다. 또 하나 까다로운 것은 정책이나 지방자치단체장의 교체에 따른 환경 변화에 휘둘리지 않기 위해서는 주도집단이 민간이어야 한다. 즉, 지원과 적당한 투자는 자치단체에서, 운영은 민에서 해야 하며, 시스템적으로 꾸준히 운용돼야 한다.

빛과 사랑교회 리종기 목사님이 우리 지역 사람들에게 '끈기와 꾸준함'을 더 강조하듯이 실제로 지역화폐의 확산은 꾸준함이 생명이다. 대한민국의 경우 지역화폐의 개념 자체가 현대에 들어와서 생긴 데다 운영경험도 길어야 10년 남짓으로 다른 나라와 비교했을 때 상대적으로 짧다. 실패한 지역도 있다. 화폐는 꾸준히 융통되지 않으면 확산이 어렵다. 결국 꾸준함을 위해서는 어떤 방향이 결정돼야 한다. 컨셉이 필요하다는 것이다. 분명한 컨셉은 에너지 낭비를 막고 선택과 집중을 할 수 있다.

지역화폐에 여러 가지 컨셉이 있지만 크게 5가지 컨셉으로 분류된다. 물론 이외에도 다양한 컨셉이 있지만, 가장 큰 줄기를 찾는다면 5가지로 압축된다.

첫째, 지역공동체 유대 강화

둘째, 소외계층 지원, 자립

셋째, 관광, 문화, 레저, 예술 활성화

넷째, 골목상권 등 지역마을 경제 활성화

다섯째, 특정행사, 특정기간 참여 유도

1983년 캐나다 코목스 밸리 마을은 공군기지 이전과 목재 산업 침체로 마을에 경제 불황이 닥쳐 실업률이 18%에 이르렀다. 현금이 없는 실업자들은 살아가기 힘들게 됐다. 그러자 컴퓨터 프로그래머였던 주민 마이클 린턴이 녹색달러라는 지역화폐를 만들어 주민 사이에 노동과 물품을 교환하게 하고 컴퓨터에 거래 내역을 기록했다.

세계 곳곳에서 피어나고 있는 지역화폐제도 레츠(**LETS:Local Exchange Trading System**)의 시작이다. 이 화폐의 컨셉은 명확하다. 실제 돈을 찍어내지 않고 교환가치만큼 계좌로만 관리한다. 지역화폐 공동체에서는 100% 현금거래를 하지 않는다. 품앗이의 의미가 없어지기 때문이다. 비싼 것은 10~50%만 지역화폐로 처리하고 나머지는 현금으로 내면 된다. 돈이 부족하기 때문에 노동력으로 그것을 상회하는 컨셉인 것이다.

국민이 직접 돈을 만들어낸 사례도 있다. 아이슬란드 국가 가상화폐 '오로라코인(Auroracoin)'이다. 아이슬란드는 과거 부패한 정부 관료와 금융관료 때문에 심각한 경제 위기를 겪었다. 물가가 폭등해 정부가 보증하고 만든 돈은 나날이 가치가 떨어졌다. 아이슬란드는 2008년 금융위기를 겪으며 금융시스템이 붕괴했다.

그러자 아이슬란드 정부는 일반 국민이 외화를 사지 못하게 법으로 강제했다. 국민이 아이슬란드 돈을 내던지고 달러 같은 안전 자산을 사들이면 국가 경제가 파국으로 치닫는다는 사실을 알기 때문이었다. 정부가 저지른 잘못 때문에 국민이 고통받는 상황이었다. 이 상황에 격분한 아이슬란드 기업가 발데르 오딘슨은 "돈을 만들고 관리하는 권력을 정치인에게서 빼앗아 국민에게 돌려줘야 한다."라고 주장했다. 오딘슨이 권력을 국민에게 돌려주기 위해 택한 방법은 국민이 직접 쓸 가상화폐, 오로라코인을 만드는 것이었다. 오로라코인은 발행 직후 한때 가격이 치솟아 시가총액이 8,000억 원을 넘어서기도 했다. 하지만 그 뒤로 값이 빠르게 내려갔다.

물론 위의 두 사례는 실제화폐가 아닌 가상화폐지만 각각의 컨셉은 명확하다. 둘 다 국민들의 생활고를 해결하기 위해서 출발했다. 나는 법정단체인 한국세무사회**(회장 이창규)** 산하 광주전남전북의 700여 회원사와 함께하는 광주지방세무사회 회장으로 있다. 3개 광역권의 회원들은 중소상공인을 가장 많이 접하고 있어 민심 청취에 가장 근거리 접점의 자격사라고 해도 과언이 아니다.

특히 매분기마다 대중세인 부가가치세 신고, 종합소득세, 법인세 신고 등을 하기 때문에 수입금액 등을 정확히 알고 있다. 이미 잘 알고 있는 일이지만, 최근 들어서 지역경제가 정말 어렵다. 식당에서도 두세 분의 저녁손님을 받고 있다. 돈이 없어 필요한 식료품을 살 수 없는 시대가 오지 않을까 걱정이다.

20세기 초 산업화로 그 잘나가던 미국 가정에서 이런 대화 내용이 있다.

"아빠, 날씨가 추운데 왜 난로에 불을 안 피워요?"

"응, 아빠가 실직을 해서 석탄 살 돈이 없단다."

"왜 실직을 했는데요?"

"사람들이 석탄을 안 때서 그렇지!"

1929년 미국의 대공황으로 인해 실직한 광부와 아들의 대화이다.

작은 컨셉에서 시작한 화폐도 있다. 2017년 서울특별시 도봉구에서는 나눈다는 뜻의 한자 '분'을 이용한 이 지역의 공동체 화폐를 발행했다. 이웃을 위해 봉사를 하거나 재능 기부를 하면 서로 약속한 액수를 지급받는데, 이렇게 모은 화폐는 이웃이 내놓은 중고 물건 등을 사는 데 다시 사용된다. 현재 화폐 '분'을 사용하는 회원은 이 지역에서만 모두 180여 명, 주민들끼리 재능과 물품을 서로 나누는 문화가 확산되면서 자연스레 이웃 간 교류가 늘고 공동체 의식도 돈독해진다고 한다.

서울에서는 이런 가상화폐를 도입한 곳이 20여 곳으로 기술이나 노동력을 제공했을 때 주는 것부터 전통시장에서만 통용되는 화폐까지 종류도 다양하다. 각자 나름의 컨셉을 잡고 소규모로 출발한 것이다. 지역화폐는 단순히 잘 살기 위해서 발행할 수 없다. 목적이 불분명하기 때문에 확장력이 떨어지는 것이다. 만약 지역화폐를 만들려고 한다면 컨셉이 명확해야 한다.

신중해야 할 것은 한번 정해놓은 컨셉은 쉽게 변할 수 없다는 점이다. 이는 다시 말해 지역화폐는 출발하기 전부터 많은 논의와 협의과정이 필요하다는 것이다. 또 협의 과정에서 지역 이슈를 생각하는 경우가 있다. 예를 들어 '슬럼화되어가는 지역에 소외계층을 위한 지역화폐를 만들자.'처럼 말이다.

좋은 취지지만 중요한 건 그 이슈에 얼마나 많은 사람이 동의할지를 생각해야 한다. 곧 재개발이 들어간다거나 주변 상권이 지역화폐 가맹점을 해줄지 등 생각지도 못한 이슈가 있다. 지역화폐는 중앙화폐의 편리성을 이기는 명분과 실리가 있어야 한다. 그 시작이 바로 컨셉을 정하는 일이다.

확산을 위해
출발은 신중하게

2500여 년 전 중국 춘추전국시대는 전쟁으로 사람 목숨이 가벼운 시대였다. 그 난리의 시기에 전쟁을 반대하고 모두가 잘사는 세상을 꿈꾼 사상가가 나타난다. 바로 묵자(墨子)다. 묵자사상에 핵심은 겸애(兼愛)다. 조건 없이 사람 모두를 사랑하고 서로 이롭게 하자는 뜻이다.

묵자의 겸애를 설명할 때는 앉은뱅이와 장님 이야기가 꼭 들어간다. 장님은 앉은뱅이를 업고, 앉은뱅이는 장님의 눈이 되어준다. 둘은 서로를 도와주며 더 많은 식량을 구할 수 있다는 것이다. 묵자는 장님과 앉은뱅이가 서로를 도와줄 수 있었던 것은 이익이 있었기 때문이라고 설명한다. 다시 말해 모두가 잘사는 세상을 꿈꾸는 사상가도 이익의 중요성을 강조한 것이다.

만약 앉은뱅이와 장님이 협력하며 잘살면 좋은데 앉은뱅이가 욕심내어 많이 먹으면 얘기가 달라진다. 무거운 앉은뱅이를 장님이 업고 다닐 수 없게 된다. 이익이 있는 상호 협조관계가 오래가고 탄탄하기 위해서는 고루 잘 살아야 한다. 지역화폐도 그렇다. 사람을 위한 '화폐'라지만 이익이 없거나 한쪽이 욕심을 내게 되면 오래갈 수 없다. 실질적 이익이든 명분을 쌓는 이익이든 반드시 얻는 것이 있어야 한다. 혹자는 지역화폐 확산을 사회적 운동으로 여기는 경우도 있다. 큰 그림으로 본다면 지역화폐는 사회적 운동의 일환으로 비춰지기도 한다.

하지만 소규모가 아닌 시도지사 광역급을 대상으로 하는 지역화폐라면 확산을 위해선 '사업'으로 봐야 한다. 분명한 이익이 있어야 하고 이익을 창출하고 소비하는 과정에서 파생되는 효과도 있어야 한다. 다행히 민선 7기 광주와 전남 광역권 시도지사 선거에 이개호 국회의원, 이용섭 일자리 부위원장, 이병훈 위원장, 강기정 전 국회의원, 최영호 남구청장 및 민형배 광산구청장 등 지역화폐 사업에 호응할 수 있는 합리적인 분들의 출마가 예상되고 있다. 지역화폐의 필요성을 말할 때 가장 많이 인용하는 두 가지의 사례가 있다.

1차 세계대전이 끝난 이후 독일은 하이퍼인플레이션에 직면하게 된다. 그 결과 독일사회는 매우 불안정하게 되었고, 실업률은 치솟았다. 하루에 두 번이나 지불되는 임금을 한 시간 이내에 사용하지 않으면 가치가 반감되는 상태이기도 했다. 이런 가운데 독일의 바이에른 주에 있는 슈바넨킬헨이라는 마을이 실비오 게젤 이론을 실천으로 증명하려고 실험을 개시했다. 슈바넨킬헨은 당시 인구 약 500명 정도의 산중에 있는 광산과 농업마을이었다. 이 시골의 작은 마을에도 공황의 태풍은 불어 닥쳐, 1929년 탄광은 폐쇄되었다.

다음해, 탄광의 오너인 헤백커는 탄광을 재개하기 위해 4만 라이히스마르크를 차입할 수 있었지만, 국가통화로 노동자에게 임금을 지불하면 곧 경영이 어려워질 것이라고 생각해서 이것을 담보로 '베라(wara)'라는 지역통화를 도입했다. 베라는 탄광 노동자에 대한 노동의 보수로서, 국가통화였던 라이히스마르크와 병행해 지불됐다. 그 비율은 6:4의 비율로 6은 베라이고, 4는 라이히스마르크였다.

베라는 항상 석탄으로 교환할 수 있는 화폐로, 매월 액면가 2%의 스탬프를 구입해 첨부하지 않으면 쓸모없게 되는 화폐였다. 헤백커는 노동자가 베라로 물건을 살 수 있도록 마을상점과 교섭했지만, 상점주인은 당연히 받아주지 않았다. 그래서 헤백커는 탄광 노동자용 가게를 만들고 일상용품을 사들여 베라로 팔도록 했다. 이로 인해 상황이 확 바뀌었다.

다른 곳에서는 베라를 사용할 길이 없는 노동자들이 헤백커의 가게에 손님으로 가득 찼다. 이것을 본 마을 상점은 '만일 베라의 사용이 중지될 경우 라이히스마르크와 교환한다.'는 약속을 받고 베라를 받아들이기 시작했다. 그리고 그 상점은 도매업자에게 베라로 지불할 수 있도록 교섭했고 종내에는 도매업자도 받아들이지 않을 수 없게 됐다.

그리고 생산자는 베라로 물건을 살 것이 없어서 할 수 없이 슈바넨킬헨 석탄을 구입하게 되었다. 석탄이 잘 팔려 노동자 고용을 늘릴 수 있게 되었고, 경제순환의 틀이 완성되었고, 마을에 활기가 넘치게 되었던 것이다. 1930년~31년 사이에 전체 2만 베라가 발행되어 약 250만 명이 사용했다고 한다. 그러나 1931년 2월 중앙은행에 의해 '국가통화시스템을 어지럽힌다.'는 이유로 폐지되었다.

1930년대 지역통화의 실험 대부분이 금지됐지만, 유일하게 현재까지 남아있는 것이 스위스의 '비아'다. 비아는 기업과 상점 간의 거래를 위해 사용되고 있으며, 이미 80년 이상의 역사를 갖고 있다. 비아의 도입 배경 역시 세계대공황으로 인한 스위스 경제의 불황이었다. 이 불황의 늪을 타개하기 위해 1934년 '버너 지머맨'과 '폴 엔츠'는 게젤이론과 북미, 발트제국에서 사용되고 있는 교환링 그리고 덴마크 J.A.K 은행을 연구하여 독자적인 지역통화시스템을 만들었다.

당초에는 협동조합으로 설립되었지만, 1936년 스위스 은행법에 기초해 비아은행으로 탈바꿈했다. 비아시스템의 장점은 시대에 따라 변화하고 있다는 점이다. 당초에는 세계공황 중 중소기업이 스위스 프랑을 사용하지 않고 서로 일을 제공하고 거래를 부활시키려는 목적으로 각 기업의 제품을 직접 교환하는 '바터거래'의 의미를 띠고 있었다.

또한 50년대 초반까지는 사업가뿐만이 아니라 노동자와 농민들도 참여하는 '교환링'의 기능도 하고 있었다. 그리고 비아 회원이 구좌에 스위스 프랑으로 예금하면, 그 액수의 5%를 비아로 받고, 그것을 매개로 물건이나 서비스를 구입하는 시스템도 있었다. 그러나 그 후 상대방과 거래로만 사용하게 되자, 다시금 중소기업만이 참가할 수 있는 시스템으로 재편됐다.

비아은행은 다른 지역통화와 같이 게젤이론에 바탕을 두고 있었지만, 노화하는 통화가 아니라 단순히 '이자가 붙지 않는 돈'으로도 쓰이고 있다. 어찌 됐던 이런 비아는 1934년에 16명으로 시작해 다음해 1935년에는 2,950명까지 되었고, 1960년에 12,567명, 1980년에 24,227명, 그리고 현재에는 수십만 명 이상의 시민과 비즈니스 관계자가 참가하고 있다.

이러한 사례를 보듯 한 마을을 관통하는 화폐도 이익을 추구한다. 당연히 도시 전체를 관장하는 지역화폐는 '사업'이다. 추구하는 방향이 모두가 잘사는 지역을 만드는 일이라 하더라도 반드시 이익은 있어야 한다. 또한 그 이익이 한쪽만 흐르는 게 아니라 참여자 모두에게 돌아가야 하는 어려움이 있다.

그런데 그 이익이란 한 순간에 나오는 것이 아니다. 더욱이 현대 금융시스템이 고도화된 이 시점에서 1930년대의 방식으로의 빠른 이익 전환은 불가능하다. 즉, 지역화폐 확산을 꿈꾼다면 제2의 요소는 '천천히 간다.'는 것이다. 여기서 천천히는 컨셉, 기획, 추진, 확산, 홍보 등이 포함된 준비기간을 말한다.

지역화폐에 대한 첫 번째 과제인 컨셉이 잡히면 그 다음은 핵심 참여자를 구성해야 한다. 지역화폐는 사업이다. 모든 사업의 승패는 사람이다. 핵심 참여자는 신중히 선택해야 한다. 열의는 기본이고 지역화폐에 대한 개념이 확립된 사람이 해야 한다. 단순히 돈이 많다거나, 사람이 똑똑하다는 이유는 성립될 수 없다.

위의 사례 중 첫 번째를 보면 급격한 확장은 곧바로 반발을 얻게 되고 혹은 그 생명력을 일찍 소진하게 된다. 두 번째는 상황과 시대에 맞춰 변화를 이끌어내면서도 본연의 지역화폐의 의미를 가지고 있다. 지역화폐의 생명력을 길게 가지고 가기 위해서는 쓰는 사람이 많아야 한다. 쓰는 사람이 많게 하기 위해서는 널리 알려야 한다. 알린다는 것은 교육과 홍보가 수반되어야 한다는 뜻이다. 일단 찍고 보자는 것은 다른 말로 빨리 망하고 싶다는 뜻이다. 적어도 지역화폐에 관해서는 그렇다.

"그러니까 언제 그 화폐가 발행되는데요?"

이런 말이 지역민의 입에서 먼저 나온다면 그때부터 지역화폐를 발행해도 늦지 않다. 모두가 알지 못하는 단어는 글로 쓸 수 없다. 모두가 알지 못하는 돈도 돈으로 사용할 수 없다. 한국의 텃밭마트에서 고대 이집트의 화폐를 사용할 수 없듯이 말이다.

지역 순환 구조를
지역민들에게 인지시켜라

우리 지역의 금융환경 측면에서 이익을 추구하는 금융회사의 특성상, 인구 구성비나 기업 수 등 정량적 수치에 따른 자금예산 배분으로 광주와 전남에는 자금이 타 지역에 비교하여 적을 수밖에 없다. 그리고 유통산업 측면에서 유통업인 백화점 특성상 법정화폐인 '원화'는 저녁이면 결산하여 본점이 있는 서울, 경기, 부산 등 대도시권으로 송금되고 있다. 세계 경제는 미국 트럼프 정부의 보호무역주의 영향으로 수출제조업인 대기업이 우리 지역에 투자하기는 갈수록 어려워지고 있다.

미래학자들은 향후 4차 산업혁명으로 인해 인간의 먹고사는 삶의 토대가 바뀌고, 2025년이면 국내 취업자의 60%가 일자리를 잃거나 다른 직업에 종사할 것으로 예측하고 있다. 지금부터 향후 7년 후를 준비하여야 한다.

고속도로공사의 경우 지금으로부터 10여 년 전 2006년 6월부터 2007년 12월까지 설치된 하이패스시스템은 2,600명의 일자리를 대체하였다. 이제는 사물인터넷이 인류의 일거수일투족을 모니터링해 미래사회는 빅데이터와 인공지능(AI)의 새로운 시대가 될 것이다. 결국 산업 구조의 재편을 이끌어낼 것인데 그게 7년 후라고 한다. 향후 의사나, 변호사 시장도 AI에 따라 조류만 죽이는 것이 아니고, 전문직을 말살하는 위기의 시대이다. 결국 농축수산물 먹거리를 생산하는 우리 지역을 특화하는 대책이 필요하다.

결국, 내수시장이 취약한 광주의 경우 '지역화폐' 사업 등으로 적극적으로 대처하여 위대한 광주와 광산을 만들어야 한다. 그렇지 못하면 가장 취약한 지역이 되고 말 것이다. 지역화폐는 철저히 지역을 위한 화폐이다. 예를 들어 지방자치단체에서 재정지원 일자리사업을 통해 일을 하고 절반은 원화로 절반은 지역화폐를 지불받아 이를 동네 미용실에서 사용한다. 미용실 대표는 지역화폐로 식당과 지역농축수산물을 이용, 구입하고 식당주인 고등학생 딸은 지역화폐로 학원 과외를 받는다.

지역에 있는 돈이 외부로 유출되지 않고 이웃 안에서 많은 것을 해결할 수 있다. 범위를 더 넓혀보자. 지역화폐가 1,000억 원가량 돈다고 했을 때 어떤 효과가 있을까? 2017년 4월 인천일보에 실린 기사를 보자.

안양시의회 총무경제위원회는 제2의 안양부흥 성공과 지역경제 활성화를 위해 지역화폐인 '(가칭)안양사랑 상품권' 정책 도입을 최근 시에 제안했다. 총무경제위원회는 지역 골목상권과 전통시장을 비롯해 지역 소상공인들이 처한 어려움을 해결하고 침체된 지역경제에 새로운 활력을 불어넣기 위해 '안양사랑 상품권' 도입이 필요하다고 밝혔다.

위원회는 이 상품권은 인지세를 세무서에 납부하면 별도의 신고나 허가 없이 누구나 발행이 가능하며, 시가 발행할 경우 인지세 부과제외 대상이 돼 발행 후 바로 판매가 가능하다고 설명했다. 특히 전국 40여 개의 지방자치단체에서 관련 조례제정을 통해 해당 지역에서만 사용하도록 한 '지역상품권'을 발행해 지역 소비 진작과 지역자금의 역외유출을 방지해 지역경제 활성화를 도모하고 있다고 주장했다. 위원회는 경북 포항, 경주시와 경남 함양군을 벤치마킹한 결과 포항시의 경우 '포항사랑 상품권'을 발행한 지 단 4일 만에 300억 원이 팔리는 성과를 거뒀다고 덧붙였다.

게다가 포항시는 당초 골목시장이나 전통시장에만 국한되어 유통할 수 있도록 발행된 상품권이 병·의원, 학원 등 생활밀착형 업종전반으로 확대돼 활용도가 높아진 것으로 자체 분석했다. 또 시중에 1,000억 원의 상품권이 유통되면 2,000억 원 이상의 현금 유동성이 확보되는 것은 물론 1,000억 원 이상의 지역자금 역외 유출이 방지되어 시민의 소비증가가 유발되고 가계수입도 증대되는 효과도 꾀한다고 추산했다.

여기서의 지역화폐는 상품권이다. 기사에서도 볼 수 있듯 1,000억 원의 상품권이 유통되면 2,000억 원가량의 현금 유동성이 확보된다고 분석되어 있다. 만약 지역화폐가 더 많은 단계로 유통된다면 더 많은 승수효과의 현금 유동성이 확보된다. 이런 지역화폐의 효과를 더욱 명확히 해주는 글이 있다.

나와 같이 칼럼을 쓰며 지역화폐 전도사로 자임하는 신현구 광주경제고용진흥원장이 광주전남 지역신문인 광남일보에 게재한 경제칼럼이 그것이다. 신 원장은 칼럼에서 흔히 지역경제 구조를 '구멍 난 항아리'라 비유한다고 전제했다. 이런 구멍

이 뚫린 항아리에 물을 채울 수 있는 방법은 두 가지로 분류하고 있는데, 하나는 계속해서 물을 부어주는 것이고 다른 하나는 구멍을 메워버리는 것이다.

전자의 대표적인 방법이 모자라는 자금을 해소하기 위해 계속해서 일반 금융기관으로부터 신용(빚)을 늘려가는 것이지만 이는 매우 비생산적인 접근방법일 뿐만 아니라 지속가능하지 않다고 그는 말한다. 결국 물이 새나가지 않도록 효과적으로 구멍을 메우는 방법, 즉 지역 외부로 자원이 유출되지 않고 지역 안에서 순환되도록 하는 것이 가장 좋은 방법이며 이를 가능하게 하는 것이 지역화폐라고 규정한다.

그렇다. 지역화폐는 지역 내 자원들의 상호교환을 촉진, 지역이 생산한 부가가치가 밖으로 빠져나가지 못하도록 일종의 자물쇠 역할을 하며 이를 통해 지역주민의 삶의 질을 높이고 지역경제발전에 기여한다.

현재 강원도와 전국 40여 개 기초지방자치단체에서 지역상품권을 발행·운영하고 있다. 강원도는 5만 원, 1만 원, 5,000원권의 '강원상품권'을 2017년부터 광역자치단체로는 처음으로 발행했다. 성남시는 2006년부터 5,000원권과 1만 원권 '성남사랑상품권' 2종을 발행·운영하고 있다. 판매대행점은 28개소로, 가맹점은 7,000개가 넘는다. 평상시에는 상품권 구매금액의 6%를 할인하고 명절 기간 1개월은 구매금액의 10%를 할인해준다. 2015년 판매금액은 130억 원인데 지난해부터는 청년배당과 산후조리지원금, 성남시 생활임금 등 총 90억 원을 성남사랑상품권으로 지급해 연간판매액이 200억 원이 넘고 누적금액이 1,000억 원에 이른다.

강원도 양구군이 발행하고 있는 지역화폐격인 양구사랑상품권은 2016년 한해 77억4,000여만 원이 판매됐다. 기준 누적 판매액은 2007년부터 621억3,655만 원이다. 양구사랑상품권은 양구지역에서는 제2의 화폐로 완전히 자리를 잡은 셈이다. 양구사랑상품권이 꾸준하게 판매되고 있는 이유로는 △상인들이 상품권을 즉시 현금화할 수 있는 환전시스템 △상품권 환전수수료 무료 △양구지역의 거의 모든 곳이 가맹점으로 등록해 소비자들이 언제 어디서나 불편함을 겪지 않고 상품권을 현금처럼 사용할 수 있는 편리함 때문이다.

이는 양구군 전역에서 이 상품권에 대한 필요성과 사용 목적, 방법 등이 상당한 공감대를 이뤘기 때문에 가능한 결과다. 9년여의 세월 동안 끊임없이 제2의 화폐를 살리기 위해 노력했기 때문이다. 이러한 양구군의 성공으로 강원도 광역권에서 만들었던 지역화폐의 성공 여부도 지켜볼 일이다.

멀리 볼 것 없다. 전남 강진군에서도 2012년 12월부터 강진 사랑상품권을 발행, 3년 만에 100억 원 매출로 지역경제의 효자로 떠올랐다는 평가다. 지역화폐를 확산시키는데 이보다 더한 이유가 있을까? 지역민들에게 지역화폐를 사용함으로써 오는 변화와 영향력, 그리고 상인들이 지역화폐를 사용할 때 얻는 이득이다.

이것들을 지역민들에게 인지시키는 일만큼이나 지역화폐 확산을 빠르게 하는 것은 없다. 나에게 이득이 되고, 지역에 이득이 되는 이유와 그 과정에 대해 명확한 공감대가 형성되면 생각보다 빨리 확산될 수 있다. 공감대가 클수록 사용범위는 넓어지고 가맹점은 증가한다. 결국, 어떤 방식으로 지속적으로 알리느냐가 관건이다. 지역화폐는 아는 사람이 많은 만큼 성공할 확률이 높다. 어쩌면 이것이 지역화폐 발행보다 더 중요할 수도 있다. 왜 필요하고 어떤 이득을 주는지 지역민에게 알리는 것.

지역화폐를 준비한다면 지금부터 여기에 집중해야 한다. 전문가를 모으고 토론을 벌인 후 이를 알리고 이해시켜야 한다.

이 작업만 충분히 이뤄져도 이미 절반은 성공했다고 볼 수 있다. 여타 시도처럼 광주 150만, 광주와 가까운 전남 시군 50만, 합계 200만 명이 함께하는 광주형 지역화폐는 절실하고 시급하다.

지역주민 참여를 위해
발로 뛰어라

2017년 조기대선에서 민주당 대선후보인 이재명 성남시장이 기본소득을 지역화폐로 지급하겠다는 것을 주요 공약으로 걸면서 부쩍 지역화폐에 대한 관심이 커졌다. 지역화폐의 중요성을 감안할 때 그 이상의 가치가 있어 다르면서도 같은 듯한 내용을 반복하여 강조한다.

'강원도상품권'을 발행하며 광역 자치단체 차원에서 지역화폐 활성화에 공을 들여온 최문순 강원도지사는 지역화폐법률안 제정을 대선 공약으로 관철시키겠다는 의지를 표명하기도 했다. 지역의 지도자들이 앞다퉈 지역화폐를 내놓는 것은 모든 것이 수도권에 집중된 대한민국의 현실 탓이다.

지역에서 자본이 돌지 않고 수도권으로 집중되니 지역이 피폐해질 수밖에 없다. 또 지역화폐는 사회적 가치를 중요시하고 각자 생산한 재화와 서비스를 나누는 관계망 속에서 공동체의 활성화를 꾀할 수 있다는 점에서 부가적 이득도 있다. 그래서 국민이 주인인 문재인 정부, 그리고 이를 실천하고 계획하는 행정안전부 김부겸 장관도 골고루 잘사는 대한민국을 만들기 위해 지역화폐 사업을 제도화하는데 일조할 것으로 보인다.

지역화폐에 대한 긍정과 부정 등 이상과 현실은 분명히 차이가 있음을 강조한다. 그 이유는 신중을 기하기 위해서다. 우리나라에 지역화폐 개념이 본격적으로 도입된 것은 IMF시절이었던 1998년 '미래를 내다보는 사람들의 모임'이라는 민간단체에서부터였다. 이후 불과 2년 뒤인 2000년도 31개의 지역화폐가 존재했다. 하지만 그들 중 남아 있는 것은 무엇인가? 1999년 출발한 대전의 한밭레츠만이 '두루'라는 화폐 이름으로 명맥을 유지하는 정도다.

최근의 경우 전주에서도 2015년 사회적 경제 관련 단체와 기업들이 '온'이라는 지역화폐를 발행했으나 성과를 냈다는 이야기는 없다. 한밭레츠가 명맥을 유지하고 있는 것은 회원 간 신뢰를 쌓는데 많은 공을 들였고, 이를 기반으로 의료생협 분야로 영역을 넓혀 새로운 실험을 하고 있기 때문이다. 우리나라는 문재인 케어에서 보듯이 환자가 부담하는 병원비가 OECD국가 평균의 2배에 달하고 매년 44만 가구가 병원비로 인해 빈곤층으로 전락하는 상황으로 한밭레츠의 의료생협은 의미가 있다.

실제로 17년째 '두루'라는 지역화폐를 운영하고 있는 한밭레츠의 이용 가구는 650가구 정도로 각 가구의 연간 거래량이 50만 두루를 웃돈다. 농산물 거래가 가장 많고 가정의학과·내과·치과·한의원이 있는 민들레의료사회복지협동조합, 약국, 미용실, 중고물품 거래에서도 두루가 쓰인다. 회원 간의 상호 협조가 '두루'의 생명력을 이어가고 있는 것이다. 한편 우리 광산지역에는 민들레의료조합에 버금가는 활동으로 2000년 초부터 하남공단, 평동공단 등에서 일하는 이주노동자나 지역 어르신을 위해 가정주치의 활동을 하고 있는 이용빈**(더불어민주당 광산갑 지역위원장)** 가정의학과 원장을 언급하지 않을 수 없다.

돈으로 모든 게 좌우되는 사회에서 돈 이상의 의미를 담으려는 지역화폐 운동은 쉽지 않다. 뜻이 좋고, 의지가 좋아도 혼자 할 수 없다는 의미다. 많은 지역화폐가 사라지는 이유는 불특정 다수의 지역민들로 확산되지 않아서다. 사실 지역화폐의 확산은 곧 생명력이라고 불릴 정도로 중요하지만 결코 녹록지 않은 일이다.

그러나 본질만 보자. 지역화폐를 사회운동으로 보지 말자. 지역경제를 살리기 위한 돈, 사업으로 봐야 한다. 사업가의 개념이 필요하다는 것이다. 모든 것이 넘쳐나는 이 과잉공급의 시대에서는 팔지 못하면 의미가 없다. 지역화폐를 이끌 중심단체를 만들고 거기에 각 구별로의 조직이 만들어져야 한다. 구별 조직은 먼저 사회단체에 지급되는 각종 보조금을 지역화폐로 전환하도록 설득해야 한다.

시장에서의 사용도 설득해야 한다. 급식단체, 각종 납품 단체에서도 일정 비율로 지역화폐를 소모하도록 독려해야 한다. 이것을 사람이 해야 한다. 사람들이 지역 곳곳을 발로 뛰며 설득해야 한다. 그 사이 컨트롤 타워는 언론과 SNS, 각종 교육 등을 병행하며 지역민들에게 알려야 한다.

현대 사회에서 확산은 의지다. 그 자체로 생명력을 지녀야 한다. 지자체만 주도해서는 안 되는 이유가 바로 여기에 있다. 민이 주도해서 점진적인 확대를 계속 유발해야 한다. 광주 동구 충장축제에 사용하는 화폐를 지역화폐로 쓰게 하거나 광주 프린지페스티벌에서 쓰는 돈을 지역화폐로 바꾼다든지, 다양한 방법으로 지역화폐의 쓸모를 늘려야 한다.

성공한 기업가의 조건은 많다. 그러나 그 중 핵심을 뽑으라면 도전정신이다. 모두가 어렵고, 힘들다고 반대할 때 뛰어들어가는 도전정신 말이다. 도전정신의 시작은 현장으로 가는 일이다. 지역화폐에 대해 직접 설명하고 설득하고 확산시키는, 발로 뛰는 조직원들이 있어야만 가능하다. 자생적 협조 체제는 가늘고 길게 갈 수 있지만 확장력은 없다.

확장력과 생명력을 가지기 위해서는 오랜 준비와 더불어 사업 초기의 공격적인 설득이 필요하다. 나는 지역화폐를 동네화폐의 개념으로 생각하지 않는다. 최하 개념이 광주광역시다. 당연히 사업적 측면의 접근을 가장 먼저 생각한다. 돈의 가치는 신뢰에서 출발한다. 그리고 신뢰는 얼마나 많이 쓰느냐다.

많이 쓰면 신뢰는 당연히 높아진다. 그러나 많이 쓰게 하는 것은 말로는 안 된다. 물건을 팔듯 의지를 가지고 영업을 하는 사람들이 필요하다. 그게 바로 지역화폐 은행이 필요한 이유다. 영업을 하고 화폐를 발행하며, 화폐의 가치를 지속적으로 만들어내고, 나아가 생명력을 연장시키는 일을 하는 곳. 그곳이 바로 지역화폐의 중심이 될 것이다.

생산자 확장이
우선돼야 한다

지역화폐에 관심이 가면서 덩달아 눈에 들어오는 것은 지역화폐에 가입한 가맹점들이다. 지역화폐를 사용하는 지역의 한 지역화폐 가맹 음식점의 실정을 들여다보면 한 달에 1건 정도이다. 실제 '귀찮다'고 하는 정도이다. 상품권으로 시장에서 물건을 사 올 수 있지만 식당은 전문적으로 식료품을 납품하는 회사가 있으니 귀찮은 것이다.

지역화폐 확산이 어려운 이유 중 하나가 이렇듯 편리성 부족이다. 지역화폐가 발행되는 지역은 제일 먼저 하는 일이 가맹점 확대다. 지역화폐를 소유하고 있는 사용자 입장에선 가맹점이 많아야 화폐를 쓸 수 있기 때문이다. 그러나 가맹점 입장도 고민해야 한다. 사용자가 정말 이 가맹점을 이용할지 말이다. 무작정 가맹점만 늘렸다가 이도 저도 아닌 상황에 놓이는 경우가 많다.

그래서 지역화폐 가맹점 늘리기에 노력을 하지만 시간이 흐르면서 지역화폐에 대한 바람은 입구에 붙여진 'OOO 상품권 가입가게' 스티커만 늘어나는 정도이다. 안타까운 일이다. 지역화폐 확산에 급급해서 가맹점, 소비자 간에 원활한 흐름을 읽지 못했기 때문에 발생한 일이다. 지역화폐의 정체성을 이해하지 못하면 이런 일이 발생하게 된다.

지역화폐 필요성을 주장하는 학자들은 '지역화폐가 법정화폐를 대체해야 한다.'고 보지는 않는다. 중앙화폐의 모순을 보완하는 차원에서 지역화폐가 활성화돼야 한다는 것이 그들의 주장이다. 중앙화폐는 자본주의 시스템에서 '뺏고 뺏기는' 싸움이다. 중앙은행에서 찍은 돈이 은행으로 가는 시점부터 그리고 은행을 통해 대출받는 자에게 가는 경우 그것의 형태는 이자가 붙는 '대출'이다. 은행 대출을 받은 A씨가 돈을 벌어 이자를 갚았다고 가정하자. A씨가 이자 갚는데 쓴 돈이 맨 처음 어디서 나왔는지를 역 추적해 보면 또 다른 누군가가 받은 은행 대출이다. 즉 누군가가 이자를 갚기 위해 다른 누군가의 빚이 필요한 상황이 벌어진다.

벨기에 금융학자 베르나르 리에테르는 현 화폐 시스템에 대해 이렇게 표현했다. "은행은 당신을 험난한 세상으로 내보내 이자를 벌기 위해 다른 사람들과 피나는 투쟁을 하도록 시킨다. (중략) 은행이 당신의 '신용상태'를 확인할 때, 그것은 결국 당신이 다른 주자(走者)들과 경쟁하여 승리할 수 있느냐 없느냐를 검증하고 있는 셈이다."

반면 지역화폐는 경쟁보다는 협동과 호혜로 굴러간다. 다시 말해 돈을 생산하고 소비하는 과정 모두가 상호협조체제에서 이뤄진다는 것이다. 생산자는 팔 곳이 있어야 하고 그것을 중간에서 유통하는 사람이 있으며 최종적으로 소비자가 구매한다. 또 생산자는 소비자이기도 하다. 이는 지역화폐를 확장하기 위해 가맹점을 늘리는 것에 집중하기보다는 생산자가 지역화폐를 소모할 수 있게 해줘야 한다는 것이다. 자재나 재료를 건네주고 지역화폐를 일정 부분 받는 생산자는 결국 이 지역화폐를 쓰기 위해 이것을 받아주는 가맹점을 찾게 된다.

가맹점은 자재나 재료를 구입하면서 지불할 지역화폐를 소비자로부터 건네받아야만 한다. 판매자에게만 화폐유통의 권한을 주는 것은 지역화폐의 생명력을 스스로 단축시키는 일이다. 생산자로부터 지역화폐의 유통을 시작해야 한다. 그뿐만 아니라 가맹점과 소비자의 원활한 흐름을 위해 지속적으로 노력해야 한다. 예를 들어 끊임없이 가맹점 정보를 제공하는 것 등이다. 유효기간이 있는 화폐가 있는데 사용하지 않을 사람은 없다. 그러나 실질적으로 지역화폐를 사용하는 사람은 정보가 부족하다고 하소연한다. 이 화폐를 어디서 어떻게 써야 할지 모른다는 것이다. 정보 부족이다. 고객이 관심을 가질 수 있도록 사용처 정보를 계속 주어야 한다.

또 이벤트 등 혜택을 제공해야 한다. 전국에서 통하는 화폐가 있는데 지역화폐를 사용할 이유를 만들어야 한다. 모두가 서로가 도움이 되고 이익이 된다 하며 사용해 달라는 호소는 한계가 있다. 큰 금액은 아니더라도 작은 이벤트나 할인 적용 등으로 혜택을 줘야 한다. 대한민국에서 지역화폐가 대부분 중단되거나 활성화되지 않은 이유는 가맹점 가입이 너무 저조했기 때문이다. 가맹점 입장에서는 귀찮고 불필요하고 손이 많이 가는 화폐를 받아들일 이유가 전무하다. 또 사용하는 사람이 많지 않다면 더더욱 할 이유가 없다. 이런 점에서 지역화폐 확장에 있어서 가맹점은 어찌 보면 처음이고 끝이라 할 수 있다.

"당장 쓸 곳이 없는데 무슨 소리냐?"고 묻는다면, 생산자에 가까운 쪽을 바라보면 된다. 재래시장 말이다. 지역화폐의 첫 번째 유통지는 생산자와 시장이다. 거기는 재료와 자재가 가득한 곳이다. 지역화폐를 받아쓰는 시장 상인에게 혜택을 부여하고 그들에게 상품을 가져오는 생산자에 대해서도 지역화폐 사용을 설득해야 한다. 출발점부터 지역화폐의 뿌리를 내려야만 깊이 파고들 수 있다. 그래서 나는 지역화폐 사업의 핵심적인 부분으로 소비자가 중앙화폐를 지역화폐로 교환 시 103~105% 할증발행으로 인센티브를 제공하고, 가맹점이 지역화폐를 중앙화폐인 원화로 바꾸는 경우 95~97% 할인을 통해 지역화폐 순환을 촉진할 것이다. 더불어 송정역, 충장동, 재래시장 입구에 지역화폐 환전소를 설치하는 방안을 구상 중이다.

즉, 가맹점 확대를 위해서는 가맹점 역시 지역화폐를 사용할 곳을 만들어 줘야 한다는 것이다. 가맹점도 원칙적으로는 소비자다. 상품을 만들기 위해 재료를 구입해야 하기 때문이다. 단순하게 생각해서는 안 된다. 생산과 소비라는 경제적 구조를 이해하고 양쪽 모두 지역화폐에 접근할 수 있도록 해야 한다. 지금은 은퇴한 '텃밭' 마트의 김준철 전 대표는 평소 아름다운 마음을 가지고 있어서 그런지 나의 지역화폐와 관련 칼럼을 읽고 공감하며 제1호 가맹점에 가입하겠다고 천명하였으니 지역화폐 사업에 있어 청신호다.

가치로 호소하고
이익으로 돌려줘라

사람 마음을 얻는 방법은 두 가지다. 하나는 대의(大義)라는 가치고, 또 다른 하나는 이익이다. 둘 다를 준다면 정말 금상첨화다. 지금까지 지역화폐는 가치 즉 대의에 호소했다. 이젠 지역화폐 사업도 이익을 고민할 시기가 왔다. 지역화폐 사업을 통해 이익이 나오면 언제든지 서울 성동구의 온기텐트와 같은 주민을 위한 정책사업도 할 수 있다.

또한 구청에서 주민에게 일자리나 먹거리에 도움이 된다고 판단되면 과감히 출자를 통해 광산구 기술창업지주회사나 광산구 에너지공사 등을 만들어 소중한 세금인 예산을 계속 쓰지 않아도 되고 추가적인 수익을 얻는 장점이 있다. 더구나 재래시장인 송정5일장, 송정1913 등에서 문제가 되는 젠트리피케이션을 방지하기 위해서라도 외부자금이 아닌 구청 투자방식으로 재생 개발하여 랜덤방식으로 구역과 자리를 배정하여 지역화폐에서 발생된 이익이 주민들에게 돌아가게 될 것이다.

특히 지역화폐 사업을 통해 유보된 법정화폐는 지역 사업에 투자할 수 있다. 문화관광콘텐츠포럼의 강광민 수석대표가 최근 포럼에서 얘기한 바와 같이 극락강(천국마을), 황룡강(용오름쇼) 등 지역자원을 활용한 4차 산업혁명과 문화관광콘텐츠를 접목해 문화, 레저 사업이 가능하다. 특히 함평과 인접한 삼도의 경우 순천만과 같은 국립정원을 만들 수 있다.

택시를 자주 타는 사람이라면 난폭택시를 경험해봤을 것이다. 고객 입장에선 위험하지만 회사에 매일 일정 사납금을 내야 하는 기사이기에 교대시간 전 빨리 사납금을 벌어야 하는 스트레스 때문에 난폭하게 몰아야 할 때가 있다. 사납금이 없다면 택시기사나 승객 모두 안전하고 즐겁게 다닐 수 있다. 택시회사 입장에선 이윤 극대화를 위해 사납금을 받아야 한다. 위험한 운전을 할 수밖에 없는 상황으로 몰고 갈 때가 있다. 이런 상황에서 태어난 새로운 형태에 택시가 있다.

도로가에서 노란 택시를 본 적이 있다면 쿱(COOQ) 택시다. 쿱 택시는 대한민국 최초 협동조합 택시다. 택시기사 모두 조합장이다. 조합비를 내고 가입하면 수익을 공평하게 나눠 받는 우리사주형태의 택시회사다. 이 협동조합은 하루 10만 원을 조합원에게 받는다. 사납금이 아니라 차량유지비, 세금, 보험료 등을 빼고 나머지는 조합원에게 나눠준다. 물론 투명하게 운영한다. 의결권은 1인 1표로 의견을 누구나 개진할 수 있어 자기회사라는 인식이 강하다. 또한 잉여금 10% 이상을 적립해 배당을 받는다.

사납금이 없는 최초의 택시회사라는 파격적인 실험에 모두가 동참했다. 택시 운영에 새로운 도전으로 운송수단에 중요부분을 차지하는 택시 운영을 바꾼다는 대의와 함께 이익이 돌아간다는 점에서 매력적이다. 지금 쿱 택시는 전국적으로 확대 중이다.

택시 얘기가 나와서 말인데, 광주 아세아택시 이상윤 회장은 "광주는 수천 명의 택시기사가 부족한 실정이다."며 이를 해소하고 일자리 창출차원에서 "공무원 또는 대기업 정년을 마친 분들이 택시기사를 할 수 있도록 장려금 지원 등 정부차원에서 접근하였으면 한다."고 말한다. 100세 시대에 매우 적절한 정책이라고 생각한다. 이 회장은 나의 지역화폐 사업에 대한 설명을 듣자마자 대중교통인 택시비를 지역화폐로 받고 역시 급여의 일부도 지역화폐로 지급할 수 있겠다고 한다.

지역화폐는 이렇게 가치와 이익 모두를 부합할 수 있다. 나아가 실업문제 해소와 지역경제 발전까지도 이룰 수 있다. 아래는 2017년 4월 필자가 무등일보에 쓴 칼럼이다.

"나에게 이런 행운이 찾아올지 몰랐다."

한 통의 문자가 왔다. 발신처는 광주시에서 출연해 지역화폐사업을 하는 민간거버넌스 조직인 OOO재단이다. 한 사람은 3년간 식당을 운영했지만 김영란법으로 손님이 줄어 매달 적자를 이기지 못했고 결국 최근 폐업을 해 저녁에 대리운전으로 살아가는 분이다. 편지 내용은 '당신은 매달 30만 광주리(원)를 1년간 조건 없이 받는 보편적 기본소득제 수여대상에 선정됐다.'는 것이다.

앞으로 이 사람은 기본소득이 주어지는 동안 일자리를 구하고 사업을 시작할 때까지 광주시에서 지급하는 생명줄 같은 기본소득으로 여유를 가질 수 있다**(위 내용은 지역화폐 사업이 추진된다면 이뤄질 수 있는 가상적인 내용)**.

이런 재원은 어떻게 만들어질 수 있을까? 4차 산업혁명에 준하는 과도기적 요즘, 고도화된 기술과 빅데이터 정보로 맞춤형 제조 환경으로 바뀌어져 일자리는 부족하다. 특히 법정화폐인 원화는 5%에만 집중되어 있어 돈이 돈을 버는 '빈익빈 부익부'로 정상적인 자본 순환이 이뤄지지 않고 있다. 세계적인 보호무역주의 추세와 로봇 자동화 등에 따른 일자리 부족으로 인한 소비 축소 악순환으로 자영업자의 폐업이 잇따르고 세원이 부족한 문제가 생겨 국가와 지방 재정으로 소득 재분배를 할 수 있는 여건이 축소되고 있는 상황이다. 결국 돈이 없어 필요한 물건을 살 수 없는 시대가 될 것이란 걱정이 든다.

2016년 8월 서울시는 월 50만 원 '청년수당'을 지급하는 청년 활동지원사업을 시행했다. 시 예산으로 청년 2천831명에게 첫 달 치 50만 원을 지급하자 보건복지부는 제동을 걸어 사업 직권취소 결정을 해 현재는 중단됐다. 보건복지부의 딴지는 지자체 역시 빈익빈 부익부로 이어질 수 있는 이유가 있지만 현실적으로 청년 등의 상황을 볼 때 설득력은 없다.

청년의 삶까지 직권 취소할 수 없다. 청년은 가족과 국가의 미래이고 그 수당은 미래를 위한 투자이다. 일단 광주에서 하는 지역화폐사업은 민간 거버넌스 차원에서 이뤄지는 것으로, 법정화폐인 원화로 지급하는 것이 아니고, 일정 원화를 보유한 상태에서 화폐의 성격을 가지고 있는 지역상품권을 발행해 최소한의 식품 등을 구입할 수 있게 하여 정부의 제동을 비켜 나갈 수 있는 제도이다.

또 하나의 문제는 기본소득이 주어질 경우 이들이 장기적으로 실업 상태로 가는 게 아니냐는 것이다. 그래서 기본소득을 지급하는 것보다 정상적인 일자리로 만들어진 재원으로 4차 산업혁명을 준비하는 청년기업을 양성, 그들에게 연구도 하며 일자리를 만드는 사업을 할 수 있도록 청년기업을 양성하는 것이다.

하지만 기업을 하기 위해서는 상당한 자금과 시간이 필요하다는 문제가 있다. 그래서 광주형 지역화폐 사업은 재원으로 기본소득을 줄 것인지 아니면 청년기업을 양성해야 할 것인지 둘 중 하나를 고민해야 한다. 미국의 어느 사회학자는 '물고기를 잡는 방법을 가르치기보다, 당장 물고기를 주어라. 그래야 그들이 죽지 않는다.'고 했다. 이러한 논리는 전자에서처럼 기본소득을 먼저 시행해 바로 굶어 죽는 이들을 구해야 한다.

20세기는 특정 업종이 기술의 진보로 사라지면 그것을 대체하는 기기를 제조하는 새로운 일자리가 생겼다. 하지만 이는 '세이의 법칙'대로 공급 위주와 인구 증가 시점에는 맞을 듯하나 4차 혁명 시기에는 과거 세 번의 혁명 시기에 비교해 그리 늘어나지는 않을 듯하다. 예를 들어 내가 그동안 세무회계 업무를 처리해 왔던 한

택배회사의 경우 10여 년 전이나 지금이나 택배가격이나 택배수수료는 거의 인상되지 않았지만 택배회사 직원이나 영업사원들의 노동 강도나 생활의 질은 최하로 가고 있는 실정이다. 즉 질 좋은 일자리는 늘어나지 않는다는 것이다.

최근 다보스포럼에서는 4차 혁명과 함께 2020년까지 일자리 710만 개가 사라지는 반면 일자리 200만 개만 생긴다고 예측했다. 한국고용정보원 역시 10년 이내에 대한민국 전체 일자리의 70.6%가 로봇으로 대체된다고 하니 전문직인 나의 일자리도 고민해야 할 상황이다. 그래서 우려 속에 이 글을 쓰고 있는지도 모른다.

결국 5%에 몰려 있는 법정화폐가 가장 큰 문제이고 4차 혁명 과도기 상황에서 서민과 청년을 위한 일자리를 만드는 방법은 단 한 가지이다. 지금 일자리를 가지고 있는 이들이 일정 금액을 지역화폐로 전환해 사용을 하고 그 재원으로 청년기업을 양성하고 기본소득 지원으로 서민들에게도 희망을 주는 광주형 지역화폐사업을 바로 실행해야 한다.

가치는 사람을 사람으로서 존재하게 만드는 요인이다. 현대인들은 돈에 얽매여 살지만, 돈만 바라보고 살지는 않는다. 삶에서 누려야 할 것은 많고 그것을 나누려는 마음도 준비되어 있다. 지역화폐를 통해 '내가 지역에 한 축을 담당하고 있다.'는 가치를 부여해주자. 그리고 그 가치가 보람에서 멈추지 않고 이득으로 연결된다면 호응도는 달라지게 마련이다.

돈을 쓰면서 가치를 느낄 수 있다는 것, 지역화폐가 가진 장점 중 하나다. 내가 이 돈을 씀으로써 지역 젊은이들이 직장을 갖고 영세업자들이 허리를 필 수 있다는 가치. 이것은 곧 지역 공동체로서의 강한 결속력을 불러 지역화폐를 더욱 확산시킬 수 있다. 즉, 지역화폐 발행과 동시에 지역 일자리 창출에 포인트를 맞추면 지역화폐의 가치를 빨리 확산시킬 수 있다는 것이다.

혹은 지역화폐 발행에 동참하는 가맹점 등을 대상으로 가치를 인지시킬 수 있는 혜택을 부여하는 것도 확산을 위한 한 방법이다. 중요한 것은 '내가 지역화폐를 사용하는 것이 단순한 화폐사용이 아닌 지역을 위해 무엇인가를 할 수 있다는 것'을 인지시키는 일이다. 가치와 이익 두 마리의 토끼를 안겨준다면 시키지 않아도 애향심이 커질 것이고 이는 지역화폐의 성공과도 직결될 것이다.

스마트폰 시대,
종이 이외의 것도 시도하자

2000년 초반으로 기억한다. 충전식 버스카드가 처음 나왔을 때 신기했다. 은행에 가서 카드를 만들고 버스 정류장마다 있는 작은 가게에서 충전하면 편하게 사용했다. 동전이나 지폐를 들고 다니지 않아도 되었다. 충전식 버스카드는 차츰 후불제카드, 스마트기기 IC칩으로 진화했다. 버스를 탈 때 이용자 중에 동전을 쓰는 경우는 거의 없다. 불과 10년도 안 걸린 발전이다.

전 세계적으로 '지폐 없는 세상'이 화두다. 미국은 연방제 국가로 주마다 소비세 관련 세금과 세율이 소수점 이하다 보니 물건값을 계산하면 센트 잔돈이 발생한다. 카드를 가지고 가지 않은 날은 동전으로 주머니가 가득하게 된다. 결국 신용카드 제도가 정착될 수밖에 없는 구조이다. 이제는 IT발전과 핀테크 확산으로 지폐가 없어도 모든 생활이 가능해졌다. 기술적 측면에선 100% 구현 가능하며 최근에는 인체에 결제수단을 넣는 기술을 개발 중이다. 안전성만 확보된다면 상용화는 어렵지 않다. 지폐 없는 세상은 너무나 익숙하기 때문이다.

하루를 생각해보자. 지폐가 없다고 생활이 불가능한 건 없다. 카드체크기 없는 매장이 없고, 많은 거래들이 계좌이체로 이루어진다. 지폐를 사용하는 경우는 경조사 정도뿐이다. 카드를 반가워하지 않은 매장도 있지만 큰 흐름상 지폐 없는 세상을 받아들이고 있다. 몇몇 나라는 지폐 없는 세상을 전면 시행 중이다. 빠른 확산을 위해 지폐사용에 불이익을 주고 스마트 결제기기 사용이 어려운 노인층에 무료로 기기를 나누어주고 있다. 우리나라 역시 빠지지 않고 시행하고 있다. 2017년부터 편의점에서 거스름돈 동전을 버스카드계좌에 넣어주는 방식으로 시범운영 중이다. 시범이 끝나면 전면 사용이 예정되고 있다.

나는 모태 신앙으로 어머니의 기도와 하나님의 은혜를 받고 지금까지 살아가고 있다. 학교에 다니기 전인 1970년경 어머니는 교회헌금으로 10원을 주셨는데 교회 가는 길모퉁이에 있는 구멍가게에서 5원짜리 알사탕을 사 먹은 기억이 있다. 어머니께서 유치부 교사를 하셨기에 들통이 나서 혼난 적이 있다. 당시 10원으로 무엇을 사면 1원, 5원 잔돈이 생길 때이지만 지금은 1원, 5원은 만들지 않는다. 2006년 이전에 만들어진 지금의 10원짜리보다 좀 더 큰 동전의 생산원가가 30원 정도라 하니 배꼽이 배보다 더 큰 격이었다. 결국 당장 지폐는 없어지지는 않겠지만 우리나라도 2020년부터 동전 없는 사회가 곧 예정된 상태다.

모든 결제가 스마트기기로 이루어지면 편리성은 물론이고 분실에 따른 안정성 등 이익이 있다. 정부 역시 탈세를 막고 조세정의를 실현할 수 있다. 하지만 사생활침해 문제와 보안문제에 노출된다. 특히 개인정보 유출에 따른 보안문제의 피해 규모는 상상을 초월할 것이라고 전문가들은 진단한다. 어쨌든 지폐 없는 세상은 큰 수레처럼 서서히 움직이고 있다.

지역화폐로 돌아와 보자. 지역화폐 인식부족은 앞에도 이야기했다. 지역화폐에 대한 인식이 있는 사람은 상품권을 떠올리게 된다. 그만큼 지역화폐 이미지는 상품권이다. 사실 부정하지 않는다. 그동안 한국은행법상 지역화폐가 상품권으로 많이 유통되었기 때문이다. 지폐도 사라지고 있는 세상에 상품권을 주고받는 의미를 생각해볼 필요가 있다. 아날로그가 주는 감성은 존재한다. 딱 그것뿐이다. 사실 귀찮다. 일일이 챙겨야 하고 일정 기간 안에 사용해야 한다. 또한 가맹점을 찾아야 한다.

따라서 지역화폐도 진화해야 하지 않을까. 아니 정확히 이야기하면 지역화폐가 먼저 나서서 화폐 없는 세상을 실현하는 방법도 있다. 한 예를 들어보자. 낮은 수수료와 편리성, 익명성, 투자 가치 등에 대한 매력으로 비트코인과 이더리움 등 가상화폐에 대한 관심이 높아지고 있다. 이런 가운데 국내 가상화폐 거래소 빗썸이 세상에 얼굴을 보였다.

빗썸은 우리말 외에 영어, 중국어, 일본어 등 3개 외국어로 가상화폐를 거래할 수 있다. 대표적인 가상화폐인 비트코인 거래량이 미국과 유럽에 편중되어 있긴 하나, 중국인들의 비트코인에 대한 관심이 높고, 최근 일본에서 비트코인을 공식 화폐로 인정하며 비트코인으로 결제가 가능한 소매점들이 빠르게 증가하는 등 비트코인 사용 지역이 아시아로 확대되고 있는 만큼 우리말 포함 4개 국어 서비스로 전 세계 이용자의 편의를 도모한다는 전략이다.

실제로 빗썸은 지난해 말 누적 거래량 2조 원을 기록한 국내 최대 가상화폐 거래소다. 세계 가상화폐 점유율 및 순위 조사업체인 코인힐스에 따르면 빗썸은 세계적으로도 거래소 순위 10위권 내에 진입해 있다. 실시간 거래 및 24시간 입출금 서비스는 물론이고, 회원 예치금 외부 감사 및 에스크로 제도를 도입해 안정성을 갖추며 진화하고 있다. 결국 거래소의 의미에서 보듯이 비트코인은 상품이고 거래의 이유는 돈을 벌기 위함을 알 수 있다.

빗썸뿐만이 아니다. 세계는 전자화폐로 일찌감치 눈을 돌리고 있다. 전자화폐 발행을 검토하는 중앙은행이 생겨나기 시작했고, 이를 현실화해 줄 블록체인 기술에 대한 연구도 활발하다. 최근 독일에서 열렸던 주요 20개국(G20) 재무장관·중앙은행 총재 회의에서는 '디지털금융의 기회와 리스크'를 주요 어젠다로 선정했다. 금융의 디지털화가 불러올 변화상에 촉각을 곤두세우는 모습이다.

인호 고려대학교 컴퓨터학과 교수는 이런 현상에 대해 "한국은행이 2020년까지 '동전 없는 사회'를 만든다고 했다. 티머니 같은 카드나, 스마트폰에 포인트를 넣고 다닌다든지 하는 여러 대안이 있을 수 있다."면서 "중국 역시 상당히 빨리 움직이고 있다. 중국의 한 농촌지역에서는 농민들에게 창업 교육을 받도록 하고, 교육을 이수하면 40만 위안(약 6,500만 원) 정도의 코인을 나눠준 뒤 실제 창업을 하게 하거나, 코인으로 월급을 주는 등 전자화폐 실험이 진행되고 있다."고 말했다.

인호 교수의 말이 아니더라도 이미 디지털의 파괴성은 국경을 초월한다. 처음에는 규제로 막을 수 있을지 몰라도 수요가 많아지면 법도 따라갈 수밖에 없다. 또한 전자화폐 시스템에서는 모든 자금이 전자적으로 예치되기 때문에 뱅크런 즉 대규모 인출 같은 일도 일어나지 않는다. 경제학을 아예 새로 써야 할지도 모른다.

이미 영국 요크셔주 킹스턴 어폰 헐(Hull)시 의회는 2014년 3월 가상화폐 '헐코인(Hullcoin)'을 만들었다. 지방정부가 온라인 화폐인 비트코인의 파생 가상화폐를 만든 것이다. 세계적으로도 첫 번째 사례. 헐 시의회가 이런 비트코인의 종류인 헐코인을 만든 이유로는 중앙정부의 복지 지출 축소로 고통받는 헐 시민의 생활고를 개선하기 위해서였다. 이에 헐 시는 가상화폐 '페더코인'을 만든 개발팀의 힘을 빌려 헐코인 시스템을 구축했다.

일본에서는 개정된 자금결제법이 2017년 4월부터 발효되면서 가상통화가 법정화폐로 인정됐다. 일본 전문가들은 "기업들에게는 성장의 활로가 더 크게 열려 주식시장에서도 긍정적인 영향을 줄 것으로 전망된다."며 환영의 뜻을 나타내고 있다.

가상통화가 법정화폐로 인정되면 기업들의 자금 조달 및 공급망으로 클라우드 펀딩이 주목받게 된다. 가상통화를 통한 거래가 쉽게 이뤄지면 기업들의 클라우드 펀딩 등 인터넷을 통한 자금 조달도 활성화되리라는 것이다. 물론 우리 실정에서 지역화폐를 가상화폐화하는 것은 시기적으로 이른 감이 있다. 하지만 기술로서 부족한 상황은 아니니 못할 것은 없다. 지역만의 교통카드 같은 것을 지역화폐로 충분히 활용할 수 있다. 하나만 생각하면 하나만 보이는 법이다.

만약 지역 상품을 인터넷으로 구입할 수 있고 결제를 가상 지역화폐로 한다면? 그 편리함은 이루 말할 수 없을 것이다. 하물며 지금 같은 인터넷 시대에 그 가치는 설명하기조차 입이 아플 정도다. 그래서 말인데, 적어도 지역화폐에 대한 개념을 주기 위해서라도 전자화폐 또는 가상화폐로 가기 전 광주형 지역화폐를 발행하여야 한다. 시간이 없다.

CHAPTER 4

전문가들이 바라보는
우리 경제

그동안 영호남의 지역감정 해소를 위해 노력했던 더불어민주당 국회의원이며 문재인 정부의 핵심적인 정책을 추진하는 행정안전부 김부겸 장관은 연방제 수준의 지방자치를 구현하기 위해 향후 국세와 지방세 비율을 기존 8:2에서 6:4로 조정하고 여러 가지 지방자치와 분권을 강화하기 위한 정책을 예상하고 있다.

트럼프 경제정책이
우리나라에 미치는 영향

이번 장에서는 전문가들이 바라보는 우리 경제와 지역화폐에 대한 시각을 중점으로 이야기해 보고자 한다. 나는 몇 년 전부터 <조세플러스>라는 인터넷신문과 금융, 세금 관련 잡지를 공동운영하고 있다. 여러 세금 전문가들이 모여 우리나라의 경제 전반에 걸친 이야기를 다루고 있는 잡지인데, 시간이 지나면서 저명한 전문가부터 정치인까지 많은 사람들이 인터뷰에 참여해 오고 있다. 그중에서 우리나라의 경제를 보다 깊이 있는 통찰력을 바탕으로 분석한 몇몇 전문가들의 글을 소개한다.

한국금융연구원 김영도 연구위원은 '미국 트럼프 행정부의 경제정책'에 대해 말했다. 사실 트럼프의 당선은 세계를 놀라게 했다. 대부분의 예상을 뒤엎은 것이기도 하지만 무엇보다 그의 파격적이고 급진적인 공약 때문이었다. 트럼프는 미국 우선주의를 내걸고 유권자들을 파고들었다. 그동안 미국의 경기 침체, 경제위기, 불평등의 심화 등으로 미국 국민들에게 누적되어온 불만을 해소하는 돌파구로 트럼프가 선택을 받은 것이다. 주된 논리는 간단하다.

'미국이 다른 나라를 도와주었지만 막상 미국에 돌아온 것은 피해였다.'는 것이다. 대표적인 것이 NAFTA 등 자유무역협정이다. 이로 인해 미국의 제조업과 일자리가 사라져 미국 노동자들의 삶은 더욱더 궁핍해졌다는 것이다. 미국 입장에서는 이에 대한 시정이 절실했었는데 상대 후보였던 클린턴으로는 그 소망을 이룰 수 없다고 본 것이다. 보호무역주의, 이민정책 등 트럼프의 정책은 여기에 그 뿌리를 두고 있다고 볼 수 있다.

김영도 연구위원은 이런 트럼프의 정책 기조를 바탕으로 우리나라 경제 흐름을 생각보다 부정적으로 내다보고 있다. 지난해 1월 트럼프 행정부가 본격적으로 출범하자마자 미국 우선주의가 구체적인 정책으로 구현되기 시작하고 있다. 2차 대전 이후 지난 70여 년 동안 미국이 설계하고 주도해왔던 정치·경제 질서가 흔들리고 있는 모습이다. 트럼프 행정부의 주요정책은 미국 우선(America First), 성장, 고용 그리고 금융시장 규제완화를 주요 키워드로 내세우면서, 재정, 통화·금융, 통상, 그리고 산업·고용정책 측면에서 전방위적으로 상당히 파격적인 내용이 담겨 있다.

경제적인 측면에서 살펴볼 수 있는 주요 내용 중 대표적인 것 하나는 낙후된 미국의 인프라를 개선하기 위한 1조 달러 규모의 대규모 투자 계획이다. 이는 표면적으로는 인프라 개선이 목적이지만 경제적인 측면에서는 대규모 인프라 투자를 통한 확장적 재정정책(expansionary fiscal policy)을 의미하는 것으로 적극적인 경제부양책으로 볼 수 있다.

확장적 재정정책뿐만 아니라 대규모 감세정책, 그리고 Dodd-Frank 법안 폐지 금융정책과 관련해서는 대표적으로 2017년 2월 3일 행정조치를 통한 해당 즉, 도드-프랭크 법안을 재검토하기 시작했다. 도드-프랭크법은 지난 2008년 글로벌 금융위기의 재발을 방지하기 위해 은행들에게 보다 높은 수준의 자본을 요구하고, 자기자본 거래를 제한하도록 하는 내용을 골자로 한다. 이러한 금융규제의 완화는 단기적으로 미국의 경기를 부양시키는 효과가 있을 것으로 예상하고 있다.

일단 다른 부분은 차치하고라도 이런 트럼프의 정책이 우리 경제에 미치는 부분을 살펴보자면 김영도 연구위원이 가장 우려하는 것은 '트럼프 정부 정책의 불확실성으로 인한 위험요소 증가'다. 전 세계의 경제·금융질서를 만들고 있는 미국의 정책변화는 개방경제인 우리나라에 상당한 영향을 미칠 수밖에 없다. 정치·외교적인 이슈인 국방비 분담, 북한핵 문제, 미중 관계 변화 등도 간접적으로 경제에 영향을 미칠 수 있지만, 한미 FTA 문제나 환율문제는 직접적으로 우리나라 경제에 상당한 부담으로 다가올 수 있다.

특히 한·미 FTA의 재협상 및 폐지 추진 시 우리나라의 직접적인 대미 수출 감소가 우려된다. 예를 들어, 미국의 한국산 자동차 수입 관세는 한미 FTA 체결로 0%를 적용받는 상황이나, FTA가 없으면 이전 수준(2.5%) 이상으로 늘어나게 된다. 한·미 FTA 재협상과 같은 극단적인 조치가 아니더라도 반덤핑이나 상계관세와 같은 조치가 취해질 가능성은 상당히 높다고 할 수 있다.

또한 미국 신정부가 국내에 직·간접적으로 원화절상 압력을 가할 경우 수출 감소가 우려된다. 미국 재무부는 우리나라를 지난해 4월 환율조작 관련 관찰대상국(monitoring list country)으로 처음 지정했다. 우리나라의 대미 무역수지 흑자는 연간 300억 달러 수준이고, GDP대비 경상수지 비중이 7.9%로 환율 조작국 대상 지정 조건 중 이미 두 가지가 충족되고 있는 상황이다. 당연한 결론이지만 원화절상은 수출품의 가격경쟁력 악화를 통해 수출에 직접적인 타격을 미칠 수 있다.

마지막으로 우리나라를 비롯한 신흥국은 빈번한 자본유출입 및 환율 변동성에 직면할 수 있다. 원화를 비롯한 신흥국 통화는 미국·중국 간 통상마찰이 격화되고, 각국의 환율전쟁에 따른 글로벌 불확실성이 확대되면 외국인 투자자금의 급격한 자금 유출이 우려되는 등 불확실성이 상존한다. 결국 김영도 연구위원의 전반적인 분석은 '트럼프 정부의 경제정책은 아직까지는 불확실하다.'로 요약할 수 있다.

2016년 미국의 대선 이전에는 그 결과가 경제 및 금융상황의 불확실성을 제거할 것으로 전망됐으나, 트럼프 정부 이후 오히려 불확실성이 더욱 커진 양상이다. 이러한 상황에서 우리나라가 할 수 있는 정책대응은 제한적일 수밖에 없다. 하지만 현 상황에서 명확한 것은 다양한 대내외 정치, 경제적 리스크 요인으로 예년에 비해 불확실성이 크기 때문에 정부, 기업, 금융회사 등 모든 경제주체가 '위험관리'를 무엇보다 우선시할 필요가 있다는 것이다.

특히 사전에 결과예측이 어려운 만큼 핵심 위험요인에 대해서는 발생 가능한 시나리오별로 대응방안(contingency plan)을 미리 작성하여 신속한 대응이 가능하도록 대비해야 한다. 또한 여러 정치적인 이유로 불안감이 높아진 상황에서 정부 정책의 강력한 리더십과 일관성만이 대내외적 경제 불확실성 완화에 기여할 것으로 판단된다.

미국 경제의 영향을 받는 우리나라로서 향후 대내외 경제는 상당한 굴곡을 겪을 것으로 보인다. 적어도 낙관적인 면보다 부정적인 면이 더 강해질 수도 있다. 이런 상황이라면 지역경제의 호전 역시 기대하기는 어려울 듯하다. 외부의 영향을 받지 않는 방법을 하루빨리 시도해야 하는 이유가 바로 이 점에 있다. 특히 우리 광주광산의 경우 광주 지역경제 규모의 33%를 차지하고 있고 수출산업과 관련한 중소기업이 많아 이에 선제적으로 산업구조적인 측면에서 고민하여야 한다.

현실적으로 우리에게 직접적으로 영향을 미치고 있는 것이 정치라고 생각해서 인용하여 말한다. 19세기 미국의 상원의원 마크해나는 "정치에는 중요한 것이 두 가지가 있다고 말한다. 첫째는 돈이고, 두 번째는 무엇인지 생각나지 않는다. 하지만 두 번째 역시 돈이다." 이처럼 정치에서 가장 중요한 것은 돈이고, 두 번째 역시 돈이라고 본다.

나는 80년대 그 돈이 없어서 국가에서 먹여주고 입혀주며 가르쳐준 세무대학에 갔지만, 거기서 배운 것 역시 돈의 하나인 세금이었고 아버님께서 지어주신 이름 또한 '돈을 영원히 기록하라.'는 뜻으로 지금까지 매일 연구하고 쓰는 것이 돈이다. 그래서 누구나 다 알겠지만, 주머니에 가지고 있는 500원짜리 동전이나 지갑 속 5만 원권을 포함한 우리나라 법정통화량은 150조 원도 되지 않지만 대기업의 사내유보금이 700조 원이다. 그리고 가계대출은 1,300조 원이 넘었다.

이렇듯 정부나 중앙은행은 돈을 '찍어내지' 않고 통화량을 조절할 수 있다. 그리고 금융회사는 가지고 있지 않은 돈을 빌려줄 수 있다. 그리고 미국에 있는 조지 소로스는 하루에 평균 1억 달러(1천100억 원)를 번다. 즉 '돈이 돈을 버는 시대'이다. 이러한 상황에서 우리 광주와 광산이 살아가는 방안으로 지역화폐를 제안하는 것이다.

2017년 이후 한국경제에 대한 불안감은 여러 곳에서 감지된다. 강남대 경제세무학과 박일렬 교수는 명료하게도 우리의 경제 상황을 '사면초가에 몰려 있는 형국'으로 규정한다. 실제로 인정하기는 쉽지 않지만, 각종 언론과 전문가들은 장밋빛 전망보다는 한국 경제에 다가오는 위험을 경고하는 경우가 상당했다.

일각에서는 1997년의 외환위기에 견주어 말하는 경우도 있었다. 무엇이 이토록 우리 경제를 위협하고 있는 것일까? 박일렬 교수는 △갈수록 낮아지는 경제성장률 △본격적으로 시작될 구조조정과 실업문제 △가계부채 폭탄 △수출감소 등 경제적 난관들에다 엎친 데 덮친 격으로 정국 혼란과 대선 이후 보수와 진보 간 이전투구는 대한민국을 짙은 스모그로 덮을 것으로 내다봤다.

물론 대선 이후 허니문 기간이 짧아, 여야 간 정국 혼란과 정치권의 이해관계 등에 따라 불안의 씨앗이 여전히 자리하고 있다고 봐야 할 것이다. 여기에 국외 상황도 좋은 것은 아니다. 박일렬 교수 역시 한국금융연구원 김영도 연구위원과 마찬가지로 미국 트럼프 대통령을 불안 요소로 보고 있다. 이미 환율전쟁의 서막이 울린 가운데 우리에게 절대적인 영향을 미치고 있는 중국과 일본의 환경 역시 녹록지는 않다.

유럽도 남부 국가들의 재정문제가 재발할 기미가 보이고 탄탄한 것처럼 보였던 독일조차 금융위기 가능성이 대두되고 있다. 이에 박일렬 교수는 금융위기를 극복하기 위해 비상적인 조치를 취한지도 어느 덧 10년을 넘어서고 있지만 그동안 쏟아부은 그 많은 노력들의 성과가 나타나지 않는 것은 원인에 대한 진단이 잘못되었기 때문이라는 전제를 내린다.

그는 "그릇된 진단에서 나온 처방이 신통치 않을 수밖에 없다. 이즈음에서 위기의 근본적인 원인을 다시 한번 진단해 볼 필요가 있다. 무엇이 문제이고 우리는 어디서부터 난제를 풀어나가야 할까?"라며 문제를 다시 되돌아볼 것을 권유하고 있다. 다음은 박일렬 교수의 분석이다.

첫째, 경제위기의 본질은 과잉유동성이다. 2007년 미국의 서브프라임 모기지에서 비롯된 경제위기가 금융부문으로 확대되고 유럽의 재정위기로 번지면서 실물경제가 장기간 침체를 벗어나지 못하고 있다. 세계가 양적완화도 부족하여 이론상으로 있을 수 없는 마이너스 금리라는 수단까지 동원해서 돈을 푸는 데에도 불구하고 왜 경제는 살아나지 않는 것일까? 미국은 그 원인을 중국의 인위적인 환율조작에서 비롯된 불공정 무역 탓으로 여기고 트럼프는 취임일성으로 가장 먼저 중국에 환율전쟁을 선포하였다. 그런데 과연 미국의 경제문제가 그처럼 다른 나라 탓일까? 그렇지 않다. 진정한 원인은 다른 데에 있는 것이 아니라 바로 미국 달러가 가진 딜레마에 있다. 좀 멀리 보자.

산업혁명 이후 생산력이 비약적으로 발전하면서 세계는 과잉생산이라는 고질적인 문제를 안게 되었다. 부족한 소비처를 찾기 위해 열강들은 식민지 쟁탈전에 나섰고 제국주의 전쟁을 일으켰으며 때로는 경제공황이 과잉 재고를 해소하기도 하였다. 세계 제2차 대전 이후에는 대규모의 전쟁이 어려워지자 유동성을 무한히 공급함으로써 넘치는 돈으로 과소비를 유도하기 시작하였다. 현금과 수많은 종류의 유사통화가 급팽창하였고 그 힘으로 소비를 확장시켜 과잉생산을 해소하였던 것이다. 그러나 근본적인 문제가 해결된 것은 아니었고 자본주의 경제는 이후에도 시지프스의 운명처럼 여전히 생산과 소비의 불균형 상황이 되풀이되고 있다.

둘째, 달러의 남발이다. 유동성의 힘으로 경제문제를 풀려고 한 이후 달러는 세계 경제의 엔진이 된다. 1970년대 초 닉슨 대통령이 금본위제를 폐지해 달러를 금의 사슬에서 풀어버린 후 돈의 가치가 단지 종이에 인쇄된 숫자가 되면서 유동성은 더욱 폭발적으로 팽창하였다. 달러의 발권국인 미국은 윤전기가 과열되도록 종이돈을 인쇄해서 세계에 뿌리고 자신들에게 필요한 것들을 가져다 소비하면서 기축통화국의 특권을 마음껏 휘둘렀다. 반면에 다른 국가들은 땀 흘려 만든 상품들을 미국에 주고 그 대가로 종이돈을 받아와 저축하고 다시 그것을 미국에 종이 채권을 받고 빌려주었다.

이처럼 미국은 근면 성실한 국가들의 저축을 빌려다 풍요로운 소비생활을 누려왔던 것이다. 중국과 일본이 미국의 국채를 많이 보유했다는 것은 중국과 일본 국민의 저축을 미국이 그만큼 가져다 썼다는 의미이다. 그러나 미국은 국채를 갚지 않는다. 갚고 싶어도 영원히 갚을 수가 없는 구조이다. 트럼프가 아무리 노력해도 더 빠른 속도로 급증하는 국채 잔고를 어쩌지 못할 것이다. 그만큼 더 많은 달러를 찍어내서 감당할 수밖에 없다. 이것이 기축통화인 달러의 운명이다.

박일렬 교수는 이런 현재의 환율전쟁을 사실상 화폐전쟁이라고 규정한다. 화폐가치는 곧 국가의 힘이다. 교과서에서는 자국의 화폐가치가 떨어져야 수출이 잘되고 경제가 살아난다고 하지만 그것은 강자가 약자를 약탈하는 논리다. 그래서 모든 국가는 자국 화폐의 가치를 유지시키는 것이 살길이라는 것을 잘 알고 있기에 죽느냐 사느냐의 화폐전쟁을 벌이고 있는 것이다. 결국 중소기업의 노동자는 수출 대기업을 위한 로봇에 불과한 실정이다.

실제로 수십 년간 지속된 달러의 남발을 더 이상 참지 못한 유럽이 1991년에 역사상 처음으로 합심해서 유로화를 만들었고, 이제는 덩치가 커진 중국도 위안화를 국제통화로 만들어 달러에 대항하려고 한다. 여기에 엔화와 파운드 역시 기득권을 잃지 않으려고 발버둥 치고 있다. 현 세계는 모든 국가에서 윤전기가 과열되도록 화폐를 찍어 내고 있는데 그 많은 돈을 세계가 어찌 감당할 수 있겠는가? 문제의 근본적 원인은 여기에 있다.

한마디로 미국 금융위기의 원인은 달러의 초과공급이다. 이처럼 화폐전쟁 과정에서 과잉유동성이 범람해서 위기가 닥친 것인데 여기에 더 많은 유동성을 공급해서 문제를 해결하려는 작금의 정책이 효과가 있을까? 없다. 지금까지의 정책은 약물 중독자를 치료하는 과정에서 금단현상이 나타나자 더 많은 약물을 투여한 꼴이다. 이러한 처방은 고통을 일시적으로 진정시킬 뿐이고 경제는 더 큰 위기를 잉태한다. 경제위기는 강자에게는 더 많은 부를 축적시킬 수 있는 기회가 되나 약자에게는 그나마 있던 조그만 자산도 잃고 고통의 나락으로 떨어지는 시기가 된다. 그리고 가난한 서민을 위한다는 정부 정책은 오히려 빈부격차를 심화시킬 뿐이다.

박일렬 교수의 말을 종합하면 미국을 비롯해 세계 경제가 이럴진대, 중앙정부의 화폐 발행은 더 이상 지방정부의 삶을 책임져 줄 수 없다. 모두가 공통으로 사용하는 화폐 가치의 기준은 강대국의 논리에 휘말려 중심을 잃고 있다. 지방에 앉아서 세계를 보는데도 이리 불안한데, 중앙정부의 대책은 아직

명료하지 못하다.

그럼에도 우리는 같은 배에 올라타 안개 속을 헤맬 수밖에 없다. 물론 대안은 있다. 화폐전쟁에서 살짝 비켜나기 위해서는 지방정부 자체의 경제정책을 시행하는 것이다. 그 기초는 당연하게도 지역화폐로부터 시작한다.

돈의 본질에 대한
근원적 물음 1

　자본주의 세상의 근간인 돈, 우리는 매일 어떤 형태의 돈이든 그것을 소유하거나 지불하면서 생존한다. 그런데 우리가 알고 있는 돈의 본질은 과연 무엇일까?

　강남대 경제세무학과 박일렬 교수가 이 부분에 대해 명확하게 설명하고 있다. 박일렬 교수의 시각은 전체적으로 근본적인 물음에 대해 가벼우면서도 알기 쉽게 맞춰져 있다. 그에 따르면 우리가 교과서에서 배웠던 돈의 탄생은 사회적 책무**(채무)**의 배분 과정에서 만들어졌다. 다시 말해 돈의 본질은 채무라는 것이다.

우리가 인간인 것은 인간에게서 태어났기 때문이다. 피부 색깔이 다르고 신체모양이 달라도 상관없다. 사람에게서 태어났기에 사람이다. 마찬가지로 돈은 채무에서 태어났기에 그 본질은 채무다. 그 본질을 바탕으로 화폐의 기능은 사회적 분화와 발전과정에서 확장된 것이다. 그렇다 보니 재미있는 돈의 이야기도 있다. 박일렬 교수가 말하는 화폐에 대한 개념은 이러하다.

영국에서는 탤리스틱(tally stick)이라는 나무 각목으로 만든 돈을 12세기 이래 700년 넘게 사용한 적이 있다. 처음에 이 나무 조각은 세금을 냈다는 증표였다. 왕에게 낸 세금을 나무에 새긴 후, 반으로 잘라 왕과 납세자가 각각 증표로 나누어 가졌다. 그런데 이 탤리스틱은 사람들 사이에서 돈처럼 거래되고 물건 대금으로 지불됐다. 왕도 나중에는 재정이 궁하여 지자 세금도 받지 않은 상태에서 이것을 만들어 유통시켰으니 오늘날의 납세영수증 겸 국채가 되는 셈이다.

그런데 여기서 짚고 넘어가야 할 것은 이것보다 가지고 다니거나 보관하기에 편한 것들도 많았을 터인데 왜 하필 이 커다란 각목이 그리 오랫동안 화폐처럼 쓰였는가 하는 점이다. 가장 큰 이유는 왕이 이것을 세금을 낸 증표로 받았기 때문이다.

지금이야 정부가 종이에 찍어서 우리가 사용할 돈이라고 법적인 효력을 부여할 수 있지만 당대에는 그런 국가나 사회시스템이 아직 완전히 갖추어지지 않았기 때문에 세금으로 받는 것이 가장 큰 신뢰를 줄 수 있었던 것이다. 이것만 보아도 사용의 편리성이 화폐의 필수 요소는 아니라는 것을 알 수 있다.

또 다른 일화를 들어 돈의 정체가 무엇인지 조금 더 밝혀보기로 하자. 이 실화는 밀튼 프리드만의 '화폐경제학(김병주 역-2009)'에 있는 내용이다. 1899년부터 1919년까지 마이크로네시아에 있는 캐롤라인 군도는 독일의 식민지였고, 가장 서쪽 섬인 얩에는 5~6,000명 정도의 사람들이 살고 있었다. 이 섬에는 금속이 없어서 돌을 정교하게 다듬은 페이(fei)를 교환수단으로 사용하고 있었다. 이 돌 바퀴의 직경은 약 40센티에서 5미터나 되는 거대한 것까지 그 종류가 다양했다. 이 돌 바퀴는 섬에서 수백 킬로 떨어진 섬에서만 나는 암석으로 만든 것인데 그곳에서 가공되어 카누로 운반됐다. 돌에 아무런 표식이 없어도 자기의 것이라는 것만 인정받으면 되었고, 거래가 이루어진 후에도 굳이 집으로 운반하지 않고 원래 주인의 집에 그대로 두어도 괜찮았다.

그런데 이 섬의 모든 사람들이 인정하는 큰 재산을 가진 한

가족이 살았는데, 그들은 물론 마을 사람들도 그들의 재산을 보거나 만져본 적이 없었다. 그 재산은 아주 큰 페이였는데 실제 실물을 본 사람은 없고 단지 이야기로만 전해져 올 따름이었다. 왜냐하면 그 돌은 할아버지 이전 시대부터 바다 밑에 가라앉아 있었기 때문이다. 그 가족의 이야기로는 조상 한 분이 이 페이를 가지고 돌아오다가 심한 폭풍우를 만났는데 배에 탄 사람들을 살리기 위해 그 돌을 바다에 버렸다는 것이다. 집으로 돌아온 사람들은 그 페이가 얼마나 큰 것이고 가치가 있는 것이었는지, 그리고 주인의 잘못으로 바다에 가라앉은 것이 아니라는 것을 모두 증언했다. 그래서 섬 주민들도 그것을 인정했고, 이후 이 돌이 없어도 그 돌의 가치를 그대로 인정하고 있다는 것이다.

또 이 섬에는 바퀴달린 운반기구가 없었고 따라서 단지 다른 마을 사람들과 왕래할 길만 있을 뿐 수레가 다닐 길도 없었다. 독일 정부가 스페인으로부터 이 섬을 사들이고 난 후, 주민들에게 길을 닦으라고 시켰지만 원주민들은 그동안 아무런 불편 없이 살았기에 말을 듣지 않았다. 온갖 방법을 동원해도 소용이 없자 독일 정부는 궁리 끝에 마침내 마을 사람들에게 벌금을 부과하기로 결정했다. 집마다 관리를 보내 값나가는 페이에다 정부소유라는 의미의 십자+ 표시를 해놓은 것이다. 그러자 즉시 효과가 나타났는데 갑자기 가난해진 주민들이 할 수 없이 길을 닦기 시작한 것이다. 일이 끝나자 정부는 그 십자 표시를 지워 주었고 이제 원주민들은 다시 돌의 소유권을 회복하고 이전처럼 평화롭게 그리고 부유하게 살 수 있었다.

이 이야기가 아주 미개한 섬의 원주민에게나 있을 법한 이야기라고 생각할 수도 있다. 하지만 이런 예는 20세기의 선진국 미국과 프랑스에서도 일어난 일이다. 1932~33년에 미국이 당초 약속한 달러의 금태환 가격을 유지하지 못할 것을 우려한 프랑스 은행은 미국연방은행에 예치해 둔 달러 대부분을 금으로 바꾸어 달라고 요청했다. 바꾼 금을 프랑스까지 운반하려면 여러모로 불편하고 위험하기 때문에 단지 연방은행 계정에서 프랑스은행 계정으로 옮기는 것뿐이었다.

실제로는 연방은행 직원이 금 저장실로 가서 금을 별도의 보관함에 넣고, 그 내용물이 프랑스 자산임을 나타내는 표식을 해 두는 것이 전부였다. 그런데 이튿날 경제신문에는 '금의 유출'로 인한 미국의 금보유량 감소로 미국의 달러 가치가 하락하고, 프랑스의 돈 가치는 올라가는 등 금융시장이 큰 혼란에 빠졌다는 기사가 실렸다.

이 이야기의 맥락은 독일 정부가 섬 주민들의 돌에 십자 표시를 해놓은 것과 같은 것이다. 연방은행 지하에 표시해 놓은 표식 때문에 미국의 통화가치가 떨어졌다는 연방은행의 생각과 돌에 표시해 놓은 십자가 때문에 가난해졌다고 믿는 섬 주민들의 생각은 같은 것이다.

수천 킬로나 떨어져 있는 미국 연방은행 지하금고에 있는 표식 때문에 프랑스 본토의 통화가치가 올라갔다는 것이나 오래전 바닷속에 가라앉은 돌 때문에 부자라고 인정하는 주민의 믿음이나 다를 것이 없다. 지금 우리가 돈이라고 사용하는 것이나 주식 같은 재산도 단지 종이에 숫자만 표시되어 있을 뿐이지만 누구는 그것 때문에 부자인 것이다.

이 예에서 돈이 되기 위한 중요한 요소가 국민의 신뢰라는 것을 알 수 있다. 국민이 신뢰하면 그것이 돌이건 금이건 상관없지만, 신뢰를 얻지 못하면 정부가 화폐라고 발행해도 그건 그냥 종이에 불과할 뿐이다.

국민의 신뢰가 얼마나 중요한지는 아르헨티나와 일본의 경우를 비교하면 더 분명해진다. 20세기 초, 한때 아르헨티나는 영국과 프랑스보다 부유한 나라였다. 그런데 페론 정부가 들어서면서 화폐를 남발하고 국채 발행을 급속히 늘리기 시작하였다. 하지만 아르헨티나의 사람들은 자기 나라 화폐나 국채를 사지 않았고 부자들은 돈이 생기는 대로 미국 달러로 환전하여 보관하였다. 그렇게 되자 정부는 돈을 더 많이 발행할 수밖에 없는 악순환에 빠져 결국 아르헨티나의 페소화는 초인플레이션으로 인해 휴지로 변했다.

반면 지난 수십 년간의 경기 침체에서 벗어나고자 엄청난 돈과 국채를 발행한 일본의 경우 세계 경제가 안 좋을 때마다, 그리고 일본 경제의 침체가 지속됨에도 불구하고 오히려 엔화는 가치가 오르곤 한다. 수많은 사람들이 일본 정부의 부채비율이 너무 높다는 점을 들어 일본경제의 위기와 엔화의 몰락을 예언하였지만 현실은 그런 예측을 비웃고 있다.

그 이유는 여러 가지가 있을 수 있지만 일본 국채와 엔화에 대한 일본 국민들의 신뢰가 굳건하기 때문이다. 일본은행의 통계 자료에 따르면 일본 개인금융자산 총 1,831조 엔 중 0.001%의 초저금리임에도 불구하고 예적금은 944조 엔, 우리나라 돈으로 9,440조 원인 51.5%를 보유하고 있다. 자국의 국채와 그것을 바탕으로 발행되는 화폐에 대한 굳건한 믿음이 있기에 국민들은 자기 나라 돈에 투자하는 것이다. 국채는 결국 미래 세금을 담보로 하는 것인데 이것이 신뢰를 받기 위해서는 정부와 채권자, 그리고 궁극적 채무자인 납세자 간에 굳은 신뢰가 형성돼야 한다.

아르헨티나와 일본의 예에서 알 수 있는 것은 국민들의 신뢰가 화폐에 생명력을 불어넣는다는 것이다. 즉 화폐가 생명을 얻기 위해서는 국가의 공신력과 국민의 신뢰가 필요충분조건이란 것을 알 수 있다. 이 조건이 충족되면 그것이 돌이건, 조개껍데기건, 아니면 쇳조각이건 아무 상관이 없다. 단지 그때 필요에 따라 편리한 대로 화폐로 정해서 사용하면 되는 것이다. 반대로 이러한 조건이 갖추어지지 못한 화폐는 아무리 사용이 편리하다 해도 화폐의 기능을 수행하지 못한다. 만약 화폐라는 것이 사회적 관계에 의한 것이 아니라면 사회가 극도의 혼란에 빠질 것이다.

이렇듯 광주형 지역화폐 사업도 마찬가지이다. 시민이 신뢰하면 지역화폐의 행태가 비록 상품권이나, 바코드로 찍어주거나 카톡으로 전송되어도 최고의 가치를 지니게 된다.

돈의 본질에 대한
근원적 물음 2

프랑스는 18세기 초반 유럽 대륙에서 최고의 강국이었다. 이런 큰 권력 국가를 유지하기 위해서는 막강한 군사력이 필요했기 때문에 그로 인해 막대한 빚을 지고 있었다. 이때 존 로(John Law, 1671~1729)라는 사람이 프랑스 국채를 미시시피 공사의 주식으로 전환시키자는 아이디어를 루이 15세에게 제시하자, 부족한 재정과 부채 문제로 골머리를 앓던 프랑스 왕이 받아들이게 된다.

당시 프랑스는 미국에 루이 14세의 토지라는 의미를 가진 루이지애나라는 대규모 토지를 보유하고 있었는데 이 지역은 발전이 느렸기 때문에 생각만큼 돈이 들어오지 않았다. 궁리 끝에 존 로는 미시시피강 유역의 공사와 금광 개발을 미끼로 미래의 막대한 수익을 홍보하면서 프랑스 국채를 가진 사람들 한테 이 국채를 주식으로 전환하라고 부추겼다. 홍보가 워낙 잘 되었는지 사람들이 앞다투어 주식으로 전환을 하면서 왕의 부채문제는 해결되었다.

지금 같으면 다단계라고 불러도 무방한 모집으로, 처음에는 배당도 많이 줄 수가 있었고 그러다 보니 인기가 좋아져서 주가는 폭발적으로 상승한다. 이 과정에서 미시시피 공사의 주식은 마치 화폐처럼 광범위하게 유통되고 거품이 엄청나게 생겼지만 어느 날 사업의 진상이 밝혀지면서 그 거품은 꺼져버렸다. 결국, 존 로의 사업은 엄청난 인플레이션만 일으키고 실패로 끝이 났다.

프랑스와는 달리 영국에서는 부르주아 계급이 착실하게 성장해서 왕의 재정을 지원해주는 계층으로 탄탄하게 자리를 잡고 있었다. 이런 사람들을 상대로 하는 사설 은행이 탄생하였고 이 사설 은행을 통해서 왕이 필요한 자금을 조달할 수 있었다. 그 당시에는 금이 주화였는데 금을 보유한 은행가들은 환어음을 발행하여 유통시켰다. 일부 부도덕한 은행가들이 있었지만, 이 환어음은 보유한 금을 기반으로 발행되었기 때문에 신용도 탄탄했고 덕분에 경제 활동이 활발해지면서 금융과 사회발전의 토대가 되었다. 그 후에 프랑스와 영국이 전쟁을 하게 되었는데, 결국 전쟁은 영국의 승리로 끝이 났다.

전쟁에서 승리하기 위한 가장 중요한 요인은 재정이다. 전쟁은 경제력 싸움이라고 해도 틀린 말이 아니다. 당시에 대륙을 대표하는 프랑스와 해상 강국으로 떠오르는 영국의 패권전쟁이었기 때문에 전쟁이 확대되면서 막대한 재정이 필요하였다. 영국이 승리한 비결을 경제적인 측면에서 보게 되면 막대한 재원을 조달할 수 있는 시스템이 갖추어져 있었다는 것이다. 즉 전쟁 때에는 전비를 조달하기 위해 신용을 담보로 발행되는 신용화폐가 급속도로 팽창하게 되는데, 이것이 무리 없이 이루어질 수 있었던 것이다.

신용화폐라는 것은 곧 미래의 지불 약속이므로 채권자는 그에 대한 확신이 있어야 그 화폐를 받아들인다. 그만큼 채무자와 채권자 사이에 신뢰가 뒷받침되어야 한다. 그런데 왕이 발행하는 신용화폐는 결국 국민의 세금을 담보로 한 약속이다. 영국의 경우 국왕과 국가에 자금을 대부해주는 채권자인 사설 은행, 그리고 국가부채에 대한 담보인 세금을 걷는 행정

조직과 납세자인 국민, 이 세 계층의 사회적 관계가 탄탄하게 자리를 잡고 있었다. 즉 영국은 자금을 대부해주는 은행과 세금을 걷는 행정조직, 그리고 세금을 내는 국민의 대표인 의회의 관계가 잘 갖추어져 있어서 안정적인 재원 조달이 가능했던 것이다.

국채를 매입한 채권자인 부르주아들은 미래에도 세금징수가 제대로 될 것이라는 믿음을 가지고 있어야 하는데, 이 세금은 국민이 내야 하는 것이기 때문에 국가의 채무, 국채 발행과 세금 걷기에 관한 세율, 과세대상의 결정 같은 것들이 의회에서 협상되고 검토되어야 한다. 그리고 세금징수와 관련해서 행정이 원활하게 이루어지려면 관료제 같은 행정조직이 갖추어져서 이 삼자 관계가 유기적으로 잘 돌아가야 재원조달에 문제가 없는 것이다. 영국은 이 관계가 잘 조직되어 있었기 때문에 신용화폐가 잘 조달될 수 있었다.

우리나라의 경우 국립 세무대학은 1980년부터 1999년까지 5,000여 명의 졸업생을 배출하였다. 그들은 재무부와 국세청의 핵심 관료가 되어 국가 재정 시스템을 투명하게 전산화하는 데 기여하며 중추적인 역할을 하고 있다. 따라서 국가의 피돌이와 같은 재정분야에서 행정조직은 매우 중요하다.

이와 달리 프랑스는 그런 사회적 관계가 만들어져 있지 않다 보니 재원 조달인 화폐공급이 제대로 이루어질 수가 없었다. 프랑스는 그 당시 루이 14세, 15세가 통치하는 막강한 왕정 체제라 왕의 권한이나 권력이 엄청났다. 그래서 재정 조달은 주로 매관매직을 통해, 즉 귀족이라는 특권 계급을 팔면서 왕이 필요한 돈을 일시적으로 조달했고, 세금은 체계적인 행정과 관료 체제를 통해 걷는 것이 아니라 세금 농부(tax farmer)라고 하는 사설 징세대리인이 담당하였다.

왕은 입찰을 붙여서 세금을 가장 많이 걷어내겠다는 제안서를 낸 세금 농부에게 징수권 자격을 부여한다. 그 사람은 왕에게 약속한 금액만 바치고 나머지는 자기가 맘대로 쓸 수 있었다. 옛날 로마시대에 식민지를 다스렸던 총독들이 이와 같은 징세관들이었다. 이들이 얼마나 미움을 받았는지는 성경에도 잘 나와 있다.

프랑스의 경우도 다를 바 없었다. 이들이 국민들에게 좋은 인상을 줄 리가 없었다. 자기들이 선택받기 위해서 왕에게 입찰을 많이 써내야 했고, 그 이상으로 국민들에게 세금을 걷어야 했기 때문에 국민들의 원성이 자자했다. 이렇게 프랑스는 전쟁에 필요한 막대한 자금을 국민의 동의 없이 주먹구구식으로 그때그때 조달하다 보니 화폐남발과 함께 국민들에게 막대한 부담을 안겨주었다. 전쟁 기간 동안 생계비가 200배 이상 오를 정도로 엄청난 인플레이션이 국민들을 큰 고통에 빠뜨렸다.

박일렬 교수의 이야기를 들어서 알 수 있듯 화폐의 기반은 세금을 담보로 한 국가의 공신력과 국민의 신뢰다. 덧붙여 그 위에 세금을 내는 납세자, 투명한 조세행정과 법적 공신력을 책임지는 정부, 그 지불 약속을 받아들이는 채권자라는 사회적 관계가 화폐의 생명이라는 것을 알 수 있다.

역사에서 볼 수 있듯 화폐를 둘러싼 사회적 관계가 얼마나 탄탄하게 조직적으로 잘 유지되는지가 그 나라의 운명을 좌우한다는 것을 알 수 있다. 실제로 권력과 부채, 화폐가 창출하는 사회적인 관계가 잘 조직되고 유기적으로 돌아가게 되면 국가는 화폐와 국채의 발행이 순조롭게 이루어지게 되고 그렇게 조달된 자금으로 국민경제 수준을 높일 수 있게 된다.

결론적으로 돈이라는 것은 국가와 사회에 필요한 만큼 경제 수준에 따라 계속 만들어져야 하고 팽창이 되어야 한다. 중요한 것은 사회적 관계다. 이 관계가 신뢰를 바탕으로

할수록 화폐의 생명력 역시 활발하게 되고 큰 영향력을 가지게 된다. 과거에는 이런 행위들이 국가, 즉 중앙정부를 통해서만 가능했다.

하지만 지금 시대에서는 기술과 조폐의 기술이 첨단화되면서 지방정부도 충분히 가능하게 되었다. 신뢰의 단위를 국가가 아닌 지방으로 압축시킨다면 그 운영 능력이 좁은 범위 탓에 더욱 손쉬워질 수도 있다. 다시 말해, 지역민들이 지방정부 또는 이를 발행하는 기관을 얼마나 신뢰하느냐에 따라 출발 전부터 지역화폐의 발행 승패가 갈리게 되는 것이다. 지역민의 신뢰. 이것이 지역화폐의 출발점이자, 핵심이며, 성공 여부를 판가름하는 것이다.

지역화폐와
지방정부의 재정

이재명 성남시장은 참으로 독특한 사람이다. 지난 2017년 조기대선에서 더불어민주당의 대선 경선 주자로 나와 많은 사람들에게 강력한 인상을 심어준 사람이기도 하며, SNS상에서도 팬층이 많다. 그는 지방정부가 가야 할 길을 선도적으로 이끈 단체장이다. 그가 보여준 각종 행보는 성남시를 대한민국 지방정부의 롤모델급으로 성장시켰고, 그의 정책은 다른 지방정부에서도 눈여겨볼 수밖에 없을 정도로 독특하면서도 강력하다.

물론 성남이 큰 대도시가 아니어서 가능했다는 평가도 있지만, 자치단체를 운영함에 있어 크기보다 우선하는 것은 현실에 맞는 정책이다. 이재명 시장은 이런 점에서 성남시가 현실을 명확히 꿰뚫고 나아가야 할 방향을 적확하게 명시했으며 성공을 거뒀다. 실제로 그의 정책을 벤치마킹한 자치단체들이 속속 빚더미에서 벗어나는 것을 보면, 이재명 시장의 운영 방식에 대한 가치평가는 대체적으로 합격점이라고 평가할 수 있다. 이에 <조세플러스> 인터뷰 중에서 내가 질문한 지방정책과 지역화폐에 대한 부분만 발췌하여 이 자리에 소개하고자 한다.

Q: 먼저 성남 시정에 대해 자평하자면?

A: 성남시는 시민의 권리인 복지를 확보하기 위해 계속적인 노력을 해왔다. 모라토리엄을 극복하며 복지를 늘리고, 정부의 3대 무상복지 방해에도 끝까지 싸웠으며 지방재정 개편으로 인한 재정손실을 최대한 막아 보고자 단식투쟁도 했다. 성남은 헌법이 정한 국가의 의무에 충실하려고 했고, 내부적으로도 부정부패, 예산낭비를 없애고 세금관리를 철저히 하여 복지 재정을 만들었다. 이렇게 만든 2016년 성남의 복지재정은 약 1,100억 원으로 1인당 10만 원 정도다. 성남은 앞으로 복지

재정을 꾸준히 늘릴 것이다.

2017년도 예산도 올해와 비교하여 사회복지, 의료분야 재정을 15% 증액했다. 성남시의 이런 성과에 일부 언론과 정치인들이 포퓰리즘이라며 비판하지만, 성남은 복지만 하고 다른 사업을 못했다거나 빚내서 무리하는 것도 아니며 더욱이 증세한 것도 아니다. 오히려 2016년 9월경 다른 지자체는 보통교부세를 축소하겠다는 중앙정부의 강요로 주민세를 1만 원으로 올린다 할 때 성남은 주민세를 4천 원으로 동결했다. 다시 한번 강조하지만 복지는 세금 내는 시민의 당연한 권리이고 국가의 의무다. 앞으로도 이러한 성남의 노력은 계속될 것이다.

Q: 평소 자주 강조하는 기본소득에 관해서 설명해 달라.

A: 전 세계적으로 복지가 확대되고 발전하고 있지만 여전히 복지 사각지대는 존재한다. 이러한 기존 선별적 복지에 대한 대안으로 기본소득이 등장하고 있다. 아무래도 기본소득의 가장 큰 논란은 '과연 경제적으로 부유한 사람에게도 똑같은 복지를 해주어야 하느냐'이다.

계속되는 양극화 현상으로 우리 사회를 '99대 1의 사회'라고 말한다. 이런 상황에서 특수하고 극단적인 사례를 걸러내기 위해 대상자 개개인의 소득과 재산 등을 매번 조회하고 시스템과 인력을 유지하려면 적지 않은 행정비용이 소요된다. 또한 이미 세금을 납부하는 과정에서 소득에 비례해 차별적으로 징수하는데, 그 집행하는 과정에서 이중으로 차별을 두는 게 반드시 필요한 지는 정책적인 판단의 문제이다. 난 그럴 의무는 없다고 본다.

현재 대부분의 복지정책은 능력에 따른 과정적 평등을 추구하는 경향이 있다. 물론 그것도 중요하지만 기본소득은 시각을 넓혀 개인의 시원적 평등도 고려하자는 의미를 가진다. 기존 선별적 복지는 사회적으로 기본적인 요소를 갖추지 못한 사람을 추려내어 지급하는 측면에서 개인적 자존감을 훼손시키는 부작용도 작용한다. 그런 의미에서도 모두에게 평등하게 지급하는 기본소득은 좋은 대안이라 본다.

Q: 성남시의 청년배당은 전국적으로 관심이 많은 정책이다. 어떤 것인가.

A: 최근 들어 더욱 심화되고 있는 청년실업 문제는 우리 사회의 활력을 잃게 만들고 있어 심각한 사회문제로 대두되고 있다. 통계청이 발표한 15세에서 29세까지의 청년층 실업률은

2014년 10.9%, 2015년 11.0%, 2016년 12.5%로 지속적으로 상승하고 있고, 실질적인 청년체감 실업률은 34%에 육박하고 있다는 분석도 나오고 있다. 중앙정부가 아닌 기초지자체 차원에서는 청년실업 문제를 해소하기 위한 정책성과와 실효성을 거두기에 한계가 있는 것이 사실이다.

중앙정부는 청년실업 문제 해소를 위해 2조 원이 넘는 예산을 쏟아붓고도 실효성을 거두지 못하고 있다는 비판에 직면하고 있다. 그래서 성남시에서는 생애주기별 맞춤형 복지정책이 가장 취약한 청년층에 대한 취업역량 강화를 위해 기초연구를 진행해 왔으며 청년층에 대한 실질적인 지원정책을 고민하면서 기본소득 개념을 도입한 청년배당을 실시했다. 성남시의 청년배당 정책의 가장 큰 성과는 무엇보다 청년들이 '국가와 사회가 청년들을 버리지 않고 청년세대를 향한 배려와 응원이 시작되었구나!'하고 사고가 전환되어가는 것이다. 청년배당을 받은 어느 청년은 "청년배당을 받으면서, 나는 돈보다 더 소중한 자신감을 얻었다.", "사회가 처음으로 나라는 존재를 돌아봐줬다."고 감사의 뜻을 밝히기도 했다.

우리 사회에 존재하는 불평등, 불합리, 모순에 직면해 미래에 대한 불안과 사회로부터 배제된 느낌을 갖는 청년세대에게 우리 사회가 관심을 갖고 있다는 심리적 안정을 줌으로써 청년문제 해소에도 일조하고 있다. 청년배당은 비록 많은 금액은 아니지만 아르바이트와 같은 불안정한 취업활동 시간을 줄여 시간적·금전적 여유를 만들어 줄 뿐만 아니라 취업역량 강화에도 일조를 하고 있으며 높은 호응과 만족도를 보이고 있다. 지난 2016년 1월 20일 1분기 지급을 시작으로 청년배당의 지급률은 94%에 육박하고 있다.

2분기 청년배당을 지급할 당시 2,866명**(지급대상의 25.7%)**을 대상으로 자체 여론조사를 실시한 결과 청년배당이 현재 생활에 주는 도움 정도에 대해 '도움이 된다.'는 응답은 96.3%로 높게 나왔다. 마찬가지로 3분기 청년배당을 지급할 당시에도 외부기관에서 실시한 청년배당 인식조사**(498명)** 결과 "청년배당이 청년의 삶을 배려한다."고 대답한 응답이 95% 이상으로 높게 나왔다.

이외에도 "청년배당을 계기로 지역에 관심을 갖게 됐다."가 94.6%, "청년배당이 지역경제 활성화에 도움이 되고 있다."가 93.3%, "청년배당을 계기로 청년정책에 관심을 갖게 됐다."고 대답한 응답이 90.9%로 나왔다. 청년배당은 또한 무엇보다 지역경제 활성화에도 큰 기여를 하고 있다.

청년배당은 '지역화폐'로 지급해 소상공인들의 수입을 증대시켜 지역경제를 활성화하는 선순환 구조를 마련했다. 지방정부가 재정에 기초해서 지역화폐를 직접 공급하는 주체가 되는 정책은 세계적으로 주목받는 지역화폐 실험이 될 것으로 믿고 있다. 청년배당은 기존 정부주도로 시행되고 있는 고용지원방식 사업의 한계를 뛰어 넘기 위한 시도다. 기본소득 개념을 부분적 연령층에 도입한 새로운 청년복지 정책으로 일자리 중심의 청년정책에 대한 한계를 극복하고 청년정책의 새로운 방향을 제시했다는 평가를 받고 있다.

Q: 지방자치 시대에 지방자치 활성화에 대한 좀 더 다양한 논의 및 지원 필요성에 대한 지적도 많다. 우리나라 지방자치의 발전 및 활성화를 위해 가장 시급하고 중요한 개선점은 무엇이라고 생각하는가?

A: 지방자치단체는 헌법이 인정한 독립된 자치기구이고 독자적인 정책을 실행할 권한을 가지고 있다. 주민의 복지 증진이라는 헌법이 정한 의무 아래 중앙정부와 지방정부가 상하관계가 아닌 협력적인 관계를 유지해야 한다. 유럽의 경우 지방정부가 지역에 맞는 신사업을 실험적으로 시작하고 중앙정부

가 보기에 그 사업이 타당하면 국가사업으로 확대한다. 우리나라는 그것을 원천적으로 막고 있으며 정부의 획일화된 정책들을 강요하는 게 현실이다. 자체적 복지사업 등을 하려 해도 중앙에 협의란 말로 승인을 강요받는다. 스스로 할 수 있는 권한이 없다. 예산과 권한이 지방자치의 핵심이다. 근본적인 세제 개편을 통하여 지자체의 재정을 건전화시키고 중앙에 집중된 많은 권한 중에서 필수영역을 제외하고 최대한 많은 권한을 지자체에 이양하여 자체적으로 움직이는 지방정부를 지향해야 한다.

Q: 법인지방소득세의 독립화에 따른 지자체의 세무조사권에 대한 논란도 존재한다. 기업에서는 중복 조사 등으로 인한 부담 등을 강조하며 일원화를 요청하고 있으며, 기획재정부 역시 마찬가지다. 지자체의 수장으로서 생각은 어떠한가.

A: 정부의 또 다른 '지방자치 죽이기'이다. 진정한 지방자치는 중앙정부의 권한 이양과 함께 자주재정이 뒷받침되어야 가능하다. 어려운 지방재정 여건을 개선하기 위해 지자체의 과세독립권과 자주권이 부여되는 법인지방소득세를 신설한 만큼, 세무조사권도 함께 보장되어야 재정확충 방안으로 의미가 있

다. 성남에서는 부정부패와 예산낭비를 없앤 것과 더불어 세금탈루를 철저하게 막았고, 이것이 재정을 마련하는 데 크게 기여했다. 물론 추가적인 지자체 세무조사로 인한 기업의 과도한 부담 문제가 있지만, 그것은 국세청과 지자체 간 유기적인 협조로 조정하는 등 제도적으로 보완하여 해소할 수 있는 부분이다. 정부는 지방으로의 권한 이양이 아닌 오히려 권한을 뺏어 지방자치에 역행하고 있다.

Q: 지방자치시대에 걸맞는 예산 확보도 매우 중요하다. 성남시의 재정상태 개선을 위한 그간의 노력과 성과에 대해 말해달라.

A: 2010년 처음 시장으로 부임했을 때 성남의 재정상태를 보고 깜짝 놀랐다. 새로운 공약사업도 시작해야겠고 무려 6,552억 원이라는 빚도 갚아야 했다. 할 수 없이 모라토리엄 선언을 하고 모든 행사, 사업을 축소·취소하고 재정정상화에 나섰다. 그렇게 3년 6개월간 노력하여 4,120억 원을 상환하고 재정정상화 후에 여력이 생긴 재정으로 3대 무상복지, 성남시의료원 건립, 성남형 교육 등 복지정책을 더욱 확대시켰다. 이는 저절로 이루어진 것이 아니다.

예산은 항상 부족하다. '어떤 것에 우선순위를 두느냐'는 최종결정자의 정책적인 판단의 문제로 나는 시민의 복지증진에 초점을 맞추었다. 그렇다고 다른 사업을 안 하고 복지에만 전념했다거나 무리한 추진을 한 것도 아니다. 더욱이 증세를 한 것도 아니다. 오히려 올해 9월에 다른 지자체는 국가의 압력에 의해 주민세를 올린다고 할 때 성남은 주민세를 그대로 동결하기로 했다. 성남은 각고의 노력으로 부정부패, 예산낭비 없애고 세금탈루 철저히 막아 재원을 마련하였으며, 그 재정으로 복지정책을 강화[3+1정책]시켰다. 전 정부는 빚더미 정부, 부정부패의 온상으로 성남의 명성에 오점을 남겼지만, 똑같은 재정과 인력을 가지고 나는 재정정상화하고, 대한민국 대표 복지도시로 만들었다.

Q: 많은 지방자치단체가 재정자립도 문제가 어려움을 겪고 있다. 지난 4년간 시 재정을 바탕으로 다른 지자체에 조언 또는 아이디어를 준다면?

A: 이 문제에 대하여는 말하기 어려운 부분이 있다. 지자체만으로는 근본적인 개선이 어려운 게 현실이기 때문이다. 성남의 경우 부정부패 안 하고, 예산낭비 막고, 세금탈루 철저히 관리하여 재정을 만들고 아껴서 복지정책으로 사용했지만, 이

것은 성남이 '불교부 단체' 즉, 정부의 지원금을 받지 않기 때문에 가능한 것이다.

전국 243개 지자체 중 서울과 경기도의 6개 지자체를 제외하고 236개 지자체는 국가 지원이 없으면 부도가 나는 지자체, 즉 '교부단체'이다. 이렇게 된 이유는 중앙의 재정 전가와 불합리한 지방세 구조 때문이다. 지방정부가 나랏일의 40%를 처리하는데도 국세:지방세 비율은 8:2에 불과해 대한민국 지방정부 중 재정자립도가 60%를 넘는 곳이 없다. 보조금을 받는 교부단체들은 성남과 얘기가 다르다. 교부단체는 부족한 만큼 국가에서 채워주지만 예산을 남기면 반환하거나 지원액이 삭감된다. 한마디로 아껴 봤자인 것이다. 그러니 소모적인 행정이 이루어지기 쉽다. 교부금 또한 사용 용도가 정해진, '꼬리표'가 붙은 돈이기 때문에 다른 곳에 사용하기도 어렵다. 성남과 같이 예산을 아껴 효율적으로 사용하기 위해서는 먼저 지자체의 재정적인 독립이 우선되어야 한다. 성남은 아끼면 아낀 만큼 시민들에게 더 돌려드릴 수 있었다.

마찬가지로 다른 지자체도 정부의 보조금에 의존하지 않고 재정이 독립된다면, 지역별로 차별적인 복지정책이 시행 가능할 것이라 본다. 복지재정 전가 등의 지방정부의 재정 부담 떠

넘기기를 줄이고, 지방세 확충을 통하여 지방정부의 재정을 강화시켜야 하지만 중앙정부는 그럴 의지가 전혀 없다. 오히려 지방재정 개편을 강행하여 남아있던 7개 불교부 단체 중 3곳도 교부단체, 즉 정부의존 지자체로 바뀔 예정이다. 진정한 지방자치를 위해서는 재정의 독립이 필수이다.

그러나 정부는 재정을 악화시켜 종속화하고 정부에 순종적인 지자체를 만들려 한다. 성남은 이런 정부의 지방자치 죽이기에 반대하여 투쟁을 벌여왔고 2016년 6월에는 대규모 집회와 단식투쟁으로 끝까지 싸워 2017년부터 전면시행에서 3년 단계적 시행으로 완화시켰으나 아직 투쟁은 끝나지 않았다. 지방재정 개편 철회 및 정부의 횡포에 반대하여 끝까지 싸울 것이다.

이번 인터뷰에서 가장 부러웠던 부분은 바로 성남이 정부 지원금을 받지 않는 불교부 단체라는 것이다. 광주·전남은 언제쯤 이런 단체가 될 수 있을까. 정부의 눈치를 보지 않고 스스로 경제자립을 이룬다면, 지역차별이나 낙후된 지역이라는 굴레를 벗어날 수 있을 터인데 말이다. 수십 년간 이어져 온 중앙정부 해바라기를 멈출 수 있는 대안은 과연 없는 것일까?

광주 시민 중 한 사람의 입장으로 진지하게 지역의 미래를 고민해 본다면, 방법은 존재하지만 그것을 어떻게 이끌어 가느냐를 놓고 많은 다툼이 예견되었다. 하지만 촛불혁명으로 탄생한, 국민이 주인인 정부는 5대 국정과제에서 밝혔듯이 전국이 골고루 잘사는 정부를 만들려 하고 있다. 그동안 영호남의 지역감정 해소를 위해 노력했던 더불어민주당 국회의원이며 문재인 정부의 핵심적인 정책을 추진하는 행정안전부 김부겸 장관은 연방제 수준의 지방자치를 구현하기 위해 향후 국세와 지방세 비율을 기존 8:2에서 6:4로 조정하고 여러 가지 지방자치와 분권을 강화하기 위한 정책을 예상하고 있다.

결국 화폐는
신뢰다

지역화폐에 관심이 많은 구청에 다니는 후배가 나에게 이런 제안을 한다.

"선배님! 광주광역시 및 자치구 공무원 한 분 한 분이 매달 급여 중 10만 원을 지역화폐로 바꿔 사용하고, 또 광주 노동자들이 급여 중 10만 원만 지역화폐로 바꿔 1만 명이 참여하는 경우 매달 10억 원, 연간 120억 원의 재원이 생기고, 10만 명이 참여하면 연간 1,200억 원이 만들어집니다. 이렇게 지역화폐를 활용하면 유익할 것으로 보입니다."

"맞아! 정확한 팩트를 얘기하는구만!"

만약 급여뿐만 아니고 지방자치단체에서 각종 발주하는 사업이나 지출의 경우 지역화폐로 일부를 지급한다면, 연간 수천억 원이 지역자금으로 전환될 수 있다.

"선배님, 제가 아는 소견이지만 대체적으로 연간 광주 외 지역으로 유출되는 자금이 3조 원 정도로 알고 있어요. 이런 돈이 유출되지만 않아도 지역경제에 도움이 될 것입니다."

"그렇다네. 그중 10%를 광주를 위해 지역화폐만 사용해도 청년기업의 주주가 되는 자격을 부여하고 배당도 받을 수 있다네. 그리고 지역화폐 사업을 통한 재원으로 주부수당, 청년수당, 노인수당, 교통수당, 기본소득을 추가하거나 확대하여 지급할 수 있어!"

미국 스탠퍼드대 교수 제임스 퍼거슨(인류학자)은 "지치고 힘들며, 가난한 사람들에게 물고기 낚는 법을 가르치지 말고 그냥 물고기를 줘라!"고 말한다. 더구나 우리 지역은 물고기를 잡는 바다도 없다. 광주광역시를 거대한 홀딩컴퍼니인 '주식회사 청년광주'로 보아 매년 로봇이나 인공지능으로 대표되는 4차 산업혁명을 이끌 수 있는 1,000개 청년기업 'YOUTH 1000'에 투자와 일자리 보장, 기본소득(청년배당)을 실시할 수 있다.

현대경제에서 사적채무가 법정화폐와 교환되는 과정에는

중앙은행이 참여하게 된다. 중앙은행은 여러 형태의 유사화폐들을 받아들이고 법정화폐를 내어준다. 즉 채무를 매입하고 화폐로 교환해주는 과정을 통해 사적채무들을 화폐로 탈바꿈시키고 통화량을 증가시키는 것이다.

이렇게 늘어난 통화량은 정부가 통제하는 통화량지표에는 빠져있게 된다. 실제로 M1, M2라는 통화량지표는 금융권이 만들어내는 유사화폐만 들어있고 백화점이나 독점적 지위에 있는 대기업들이 발행하는 상품권 등 민간부문이 창출하는 것은 아예 빠져있다. 민간부문이 만들어내는 유사화폐는 화폐로 계산하지도 않는 것이다. 그러나 현실에서는 이 부분의 규모가 월등히 크다.

그동안 정부가 경기조절을 위해 내놓은 정책들의 효과가 제대로 나타나지 않는 핵심적인 이유는 민간부문이 창출하는 화폐, 즉 유사화폐를 생각하지 못하기 때문이다. 경기가 호황일 때는 기업들이 금융권에서 빌리는 돈 말고도 사적인 채무계약이 많이 맺어지면서 유사화폐도 급증한다. 반면에 불황일 때는 신용이 급격히 축소된다. 정부가 유동성을 공급해도 민간부문에서 유사화폐가 사라지면 그 효과가 제대로 나타날 수 없다.

아울러 유사화폐의 위계질서는 굉장히 엄격하다. 그렇지 않으면 화폐 체계가 붕괴되기 때문이다. 어떤 경우에도 유사화폐의 창출은 위에서 아래로 내려오지, 아래에서 위로 가지는 못한다. 시중은행이 중앙은행에게 자신이 창조한 화폐로 결제를 할 수 없고, 기업이 자신이 만든 유사화폐로 일반 은행에서 빌린 돈을 갚을 수 없다.

또한 유사화폐들의 서열은 신용이 화폐화될 때 정해진다. 예를 들어 우리가 흔히 사용하는 유동성이란 용어는 '얼마나 빨리 현금화할 수 있는가?'란 뜻인데 수표처럼 유동성이 큰 유사화폐는 그만큼 법정화폐에 가깝다는 뜻이다. 당연하게도 서열이 높은 유사화폐를 만들 수 있는 기관은 그만큼 위치가 높다.

수표를 발행할 수 있는 은행권은 경제계의 최강자라고 볼 수 있다. 세금이 형평하려면 담세력에 따라 세금을 부과해야 한다. 그런데 현실에서 담세력을 측정할 때는 '법정화폐를 얼마나 많이 가지고 있는가?'만을 본다. 담세력의 핵심이라고 할 수 있는 '돈을 만들 수 있는 힘'과 그들이 '만들어 내는 돈'은 과표에서 빠져있다.

그러나 화폐를 만들 수 있으면 세상을 지배할 수 있다는 사실을 알고 있는 과거 지배자들은 고대부터 중세에 이르기까지 시대를 불문하고 모두 연금술 연구에 막대한 지원을 아끼지 않았다. 익히 알고 있듯 아무도 성공하지 못했다. 그런데 그 꿈의 기술이 현대에 이르러 종이화폐로 탈바꿈해 탄생했다.

여기서 우리가 알아둬야 할 것은 법정화폐든 유사화폐든 궁극적으로 책임을 지는 사람은 세금을 내는 납세자다. 국가가 발행한 국채에 대한 지급보증은 국민의 세금이기 때문에 납세자는 원치 않는 채무자가 된다. 또한 납세자는 사적 채무인 유사화폐에 대해서도 궁극적으로는 보증을 서주고 있는 셈이다. 기업회생을 통해 부도가 나면 세금으로 먼저 보충하고 정부는 주식을 통해 구상권을 행사한다. 결국 국민 보증인은 여차하면 보증 책임을 져야 한다.

현대국가는 화폐를 무한정 생산할 수 있는 기술이 있다. 다만, 그 나라의 화폐는 곧 그 나라의 힘이고 신뢰도라는 것이다. 신뢰도가 낮은 지역으로 갈 때는 그 나라의 화폐가 아닌 달러를 들고 간다. 그것이 더 이득이기 때문이다. 광주에서 지역화폐를 발행하는 것도 마찬가지다. 얼마나 지역민들의 신뢰가 보장됐느냐에 따라 화폐의 생존성이 달라진다. 그리고 그 생존성이 강해질수록 외부 유입 인구나 관광객들 역시 사용할 가능성이 높아진다.

관건은 신뢰다. 문제는 이것을 어떻게 쌓아 나가야 하느냐다. 내 손에 들려진 화폐가 종이 조각인지 물건과 교환할 수 있는 증표인지는 그것을 인정해주는 기관의 가치에 따라 달라진다. 신뢰를 얻는 것은 상당한 시간이 걸릴 수 있겠지만 내가 생각하는 지역화폐는 원화만큼의 지역화폐를 발행한다. 그리고 연간 내지는 수년간 지역화폐의 순환과 원화로 환전되는 비율을 고려하여 일정 금액을 예치하여 두기 때문에 안전하다.

그리고 시민으로부터 인정을 받은 민간기관이 각계각층에 다양한 홍보와 교육을 통해 신뢰를 쌓으면 된다. 필요성을 충분히 인지시키고 그 가치에 따른 결과물을 시뮬레이션을 통해 제시한다면, 그래서 지역민들 다수가 이를 인정한다면, 지역화폐는 이미 절반은 성공했다고 볼 수 있다. 단순히 '지역경제를 살리기 위해 지역화폐를 발행한다.'는 통용되지 않는다. 중앙정부로부터 내려오는 보조금인 각종 공적 일자리의 급여를 지역화폐로 발행해야 한다.

자체적인 예산 편성이지만, 성남시의 청년배당이 대표적인 예다. 일단 유통하고 그것을 지방정부가 감당한다면 화폐의 생명력은 살아난다. 내 주변에서 손쉽게 쓰고 있는데, 나라고 못 쓸 이유는 없다. 거기에 이 지역화폐를 씀으로써 지방의 살림이 늘어나고 그것이 궁극적으로 나와 이웃이 피부로 느낄 정도의 지원으로 되돌아온다면 그리고 100억 원 이상의 법정화폐를 가지고 있지 않는 일반 서민이라면 굳이 지역화폐 사용을 거부할 이유가 없다.

일자리, 케인즈 식의 국가 개입이 필요하다

일자리 창출은 현 대한민국의 가장 중요한 과제다. 그래서 문재인 정부는 취임하자마자 일자리위원회(위원장 대통령)를 만들고 총리급 부위원장으로 이용섭 전 국회의원을 위촉하였다. 이용섭 부위원장은 참여정부 시절 3번의 청문회를 거치고 장관직 등을 수행하였고 재선 국회의원으로 국정 경험이 풍부한 이 지역의 최고 인재이다.

"동생, 내년 지방선거에 시장으로 출마하려고 하는데 어떻게 생각하는가?"

2010년 제5회 지방선거가 있기 10개월 전 당시 이용섭 국회의원이 나에게 물었다.

"형님! 국무총리를 하셔야 하는 분이 광주를 위해 시장을 하신다면 지역민의 한 사람으로 크게 환영할 일입니다. 그 이유는 제가 태어나 살고 있고 우리 아이들이 살아야 할 광주를 지금보다 더 활력있는 도시로 만들기 위해서는 형님께서 시장이 되셔야 합니다."

당시 이용섭 국회의원은 '일자리 창출에 전념하고 광주를 기업하기 좋은 곳으로 만들겠다.'는 결연한 의지를 설파하고 하남공단에서 출마기자회견을 하였다. 그러나 제3의 작용으로 인해 0.5% 차이로 후보가 되지 못했고 '행복이 넘치고 모두에게 따뜻한 도시'로 만들고 싶은 꿈은 다음 기회로 넘길 수밖에 없었다.

한편 우리나라는 좋은 일자리를 원하는 고학력자들이 넘쳐나지만, 현실은 정작 좋은 일자리는 갈수록 줄어든다. 그렇다고 자영업이 수월한 것도 아니다. 먹고 사는 일이 충족되지 못한다면 국민들은 당연히 정부와 사회에 불만을 가질 수밖에 없다. 나아가 스스로를 잉여인력이라고 느끼게 될 때 밀려오는 참담함은 이성을 마비시킬 수도 있다. 더구나 지역으로 내려와 보면 취업 문제는 더욱 심각해진다. 하기야 지역에서는 취업뿐만 아니라 지방경제, 문화수준, SOC 구축 등 문제가 아닌 것이 없다. 오죽하면 사랑하는 나의 큰딸 나연이도 산업디자인 전공 취준생으로 서울에서 구직활동을 하고 있는 실정이다.

이 모든 문제점을 한 번에 풀 수는 없지만, 적어도 국가적으로 일자리 문제의 실타래만 풀린다면 전반적인 삶의 질이 높아질 것은 자명하다. 방법이 아예 없는 것은 아니다. 여러 면에서 고민해 볼 때 분명 돌파구는 있다. 물론 당연히 지역화폐를 활용하는 것이다. 이에 대선 전 2017년 5월 광주광역시 지역 언론에 해당 이야기를 정리해 칼럼으로 투고했다.

먼저 새로 들어선 정부에게 필요한 급선무 정책은 청년 일자리와 가계소득 확대라는 것에 이의를 달 사람은 그리 많지 않다. 즉, 향후 새로운 정부는 그 어떠한 정책보다 일자리 확대를 우선해야 한다.

5월 초에 발표된 올 1분기 상장사의 순이익은 32조 원, 동기 대비 35% 성장이다. 12월 말 기준 예상 순이익은 130조 원 이상으로 GDP 10%에 육박한다. 수백조 원의 잉여현금을 보유하고 있는 대기업은 각종 감면을 통해 지원하지 않아도 충분히 성장할 수 있다는 것을 보여준다. 무역 교환화폐인 달러 종이 가져오는 수출기업 시대는 지났다.

이제 내수를 진작하는 게 정부의 할 일이다. 전경련에서 원고료나 연구비 받는 학계의 신자유주의적 대기업만을 위한 주장은 더 이상 용인해서는 안 된다. 그동안 지난 정부에서 법인세 인하와 규제 완화는 결국 해외 공장 이전으로 이어졌고 서민이 살아야 할 내수시장에서 대기업 금융자본만 침투할 뿐이었다.

또한 법인세를 낮춘 세후 이익은 결국 금융자본의 고배당과 임원들의 수십·수백억 연봉 잔치로 갈 뿐이지, 국민들의 일자리는 늘지 않았다. 누구는 정책 효과를 계측하는 것이 단기간 그리고 이론적으론 불가능하기에 대기업 감면 효과에 대해 평가가 이르다고 하지만 지난 정부 9년의 이와 같은 결과가 충분한 설명이라고 본다.

부득이 일자리에서 시작된 거시 경제정책은 정부가 나설 수밖에 없는 케인즈 식의 국가 개입이 필요하다는 것이다. 다시 말해 지금의 일자리 부족은 4차 산업으로 이행되는 단계에서 투자의 머뭇거림에서 적극적인 투자로, 생산기업을 해외에 둘 수밖에 없다면 적어도 핵심 부가가치 부품은 국내 생산기업으로 전환하도록 해 더불어 모두가 행복한 일자리를 만들도록 정부가 적극 유도해야 한다.

공무원 자리를 늘리는 것도 한 방법이다. 한 대선 후보는 향후 5년에 걸쳐 매년 3만5,000명씩 총 17만5천 명의 공무원을 채용할 계획이라고 밝혔다. 아마도 껍데기 선박수주에 수조 원을 대출해 주면서 그 금융차입한 돈으로 월급을 주도록 방치한 지난 정부의 정책보다 더 효과적이고 효율적인 정책이다.

그동안 우리나라 공무원 수는 총량제로 묶여, 2008년 97만 명에서 2015년 102만 명 정도이다. 사회복지수요가 많아지고 있는 상황에서 공무원 수와 증가율은 낮다고 할 수 있다. 그리스의 전인구 30%가 공공인력이라고 하는데 그 정도는 아니지 않은가. 혹자는 신규로 뽑는 인력에 대해서는 1인당 3,300만 원 연봉 이외 간접비용에 대한 추계가 잘못된 것이라고 하나 그 비용은 아마도 연금일 것으로 보인다.

바라건대 신규인력에 대해서는 공무원연금 정책을 이원화하도록 해 정부 부담을 줄이는 것도 차선일 것이다. 그리고 공무원의 급여를 7급 7호봉으로 가정해 5년간 17조2,000억 원가량 추정되는데 이것은 이명박 정부 토목예산보다 적은 금액이다.

일자리 창출의 또 다른 주체인 공기업은 그동안 4대강 예산 또는 잘못된 정부사업으로 예산을 쓸어 써버려서 인력충원을 못 한 것으로 알고 있다. 새로운 정부는 공기업 및 유관단체 등 '기타 공공부문 일자리' 64만 개도 빨리 시행하여야 할 것이다. 이로써 청년에게는 일자리가 주어지고, 결혼으로 가정이 만들어져 결국 가계에 돈이 돌아 기업이윤, 국가세수가 증가되어 거시적으로 선순환될 수 있다. 결국 공공부문에서 시작된 일자리 81만 개는 미국의 뉴딜정책과 같이 국가 경제 활력에 큰 원동력이 될 수 있다.

이처럼 가계의 돈이 기업과 국가로 흐르는 것은 인체의 동맥과 같다. 공공일자리를 통한 가계의 돈은 어렸을 때 동네 샘에서 물을 품는 펌프의 마중물과 같은 것이다. 개인은 경제적 자유 없이 정치적 자유를 누릴 수 없다. 이번 대선에서 보여준 20~30대의 표심을 반영하기 위해서라도 새로운 정부의 일자리위원회는 일자리 양산을 확실히 해야 한다. 다시 말해서 정치 발전을 위해서라도 청년들의 경제적 자유는 보장되고 신장되도록 해야 한다.

일자리를 만드는 데 있어 더욱 중요한 것은 노동의 가치이다. 노동은 인간의 정신적, 신체적 능력을 생산 수단으로 이용해 소득으로 대체된다. 동시에 사회에서 자신의 존재를 인정받는 과정이다. 대표적으로 전 정부에서 순직 처리하지 않은 세월호 기간제 교사는 우리들 마음을 슬프고 아프게 했다. 이제 그동안의 비정상을 정상으로, 비정규직을 정규직으로, 동일노동에 대해 동일소득의 개념을 적용하는 것이 새 정부가 추구해야 할 일이다. 새로운 일자리는 정의로운 일자리가 되어야 한다. 그래야 바른 나라, 바른 학교, 바른 기업, 바른 가정으로 자리매김할 수 있다.

중소기업에 대한 지원도 고민해봐야 할 문제다. 특히 인력의 문제는 더욱 그렇다. 기실 중소기업과 영세기업 노동자의 경우 출산휴가는 언감생심이다. 출산이나 양육, 연구개발 등 필요한 사유가 있는 경우 정부지원과 추가 인력 정책으로 제고되어야 한다. 덧붙인다면 연봉 4,000만 원을 뼈대로 한 '광주형 일자리'와 여성들의 일·가정 양립정책 등을 우선하는 윤장현 광주시장 정책도 벤치마킹이 필요하다.

더 바라는 것은 추가적인 정부지원은 재래시장 등 지역경제에 도움이 되는 지역화폐로 지급되길 바란다. 또한 광주 지역화폐사업, 늦었다고 생각할 때 지금이 적기다.

성남시는 이미 지역화폐와 청년실업을 연계한 정책을 진행 중이며 상당한 수준의 결과에 도달해 있다. 광주시도 못 할 것은 없다. 아니 준비에 만전을 기한다면, 빠르면 3년 이내에 지역화폐를 뿌리내릴 수 있다. 새 정부의 정책과 어우러지게 한다면 더욱 시간이 빨라질 수 있다. 그러니 지금부터 준비해야 한다. 모두를 만족시킬 수는 없지만, 다수를 만족시킬 수 있는 방법은 분명히 있다. 그것을 찾아내는 것이 바로 전문가들이 할 일이며, 중앙정부와 지방정부가 해야 할 일이다.

지역화폐의
가능성

　오래전 한 편의 장문을 읽은 적이 있다. 1996년 녹색평론에
실린 글이다. 그 글은 참으로 많은 생각을 하게 했고, 되돌아보
면 내가 주장하는 지역화폐의 원류가 그 글에서도 생성됐던
것 같다.

　일본의 마루야마 마코토라는 학자가 쓴 '경제순환과 지역
화폐'가 바로 그것이다. 물론 현재 연구되고 진행되는 지역화
폐와는 다소 차이가 있고 전반적으로 약간 고루하다는 느낌
을 주지만, 당시 일본 사회가 지역화폐에 대해 지대한 관심이
있던 시점임을 감안하면 충분히 공감이 가는 부분이 많다. 무

엇보다 지역화폐의 원론적인 가능성에 대해 고민해볼 수 있는 글이기에 여기에 소개하도록 한다.

'우리는 원시사회나 에도시대의 일본 사회에서 보는 것과 같은 통화가 통일되어 있지 않은 상황을 불편한 것으로 생각할 수 있다. 물론, 직장에서 임금을 받고, 생활에 필요한 물자나 서비스를 시장에서 사들이고, 주택자금을 은행에서 빌리고, 유휴자금을 주식투자에 돌리는 것과 같은 생활스타일에 비추어보면, 금화나 지폐나 석화를 각각의 목적에 따라 달리 사용하는 생활은 불편한 것으로 생각될지 모른다.

그러나 이러한 '불편'은 상대적인 것이다. 만일 우리가 경제적으로 자립한 지역사회에서 생활하고 있다면 그때의 경제순환은 다음과 같이 될 것이다. 우선, 지역 내에서 조달 가능한 재화 및 서비스는 가급적 지역 내에서 생산된다. 그리고 그것들은 지역 내에서 소비되고 폐기된다. 이렇게 되면 경제순환은 물질순환을 포함하여 지역 내에서 완결된다. 그리고 이 지역 내 순환에 있어서는 지역 내에서만 통용되는 지역통화를 사용하는 것이 가능하다.

다음으로, 지역에서 생산된 재화 및 서비스 가운데 지역에서 소비될 수 없는 잉여부분은 지역 밖으로 유출된다. 판매대금을 외화

(外貨)로 받으면, 그것은 지역 내에서 자급할 수 없는 재화 및 서비스를 지역 외부로부터 들여올 때 구매자금으로 축적된다.

이것은 오늘날의 국민경제의 틀을 지역경제 수준으로 이동시키는 것을 뜻하지만, 규모가 작아짐으로써 경제의 틀 자체의 의미도 달라진다. 무엇보다도, 지역자원에 대한 의존도가 높아진다. 만일 지역경제가 현재 일본의 국민경제와 같이 가공무역형 경제구조를 선택한다면 입지조건의 제약을 받아 성공하는 지역과 실패하는 지역의 차이가 현저하게 나타날 것이다. 이른바 과소(過疎)지역은 지역자원의 유출 및 고갈이라는 사태를 회피할 수 없을 것이다. 그러나 개개 지역이 지역경제의 순환을 높이는 방향으로 지역자원의 활용을 도모한다면 다른 지역의 추종을 허용하지 않는 독자적인 경제를 구축하게 되고, 결과적으로 그 지역 고유의 특산품도 만들어낼 것이다.

지역마다 고유한 풍토가 있고, 입지조건이 있다. 모든 지역이 동일한 경제구조를 가진다는 것은 불가능하다. 어떤 지역에서는 쌀을 생산하는 데 필요한 공간이 없을지도 모른다. 다른 지역에서는 어패류를 손에 넣을 수 없을 것이다. 그러나 그러한 것이 지역의 자립을 저해하는 요인은 아니다. 각기의 풍토에 맞는 생활양식을 중점적으로 육성하는 것이 지역의 자립으로 이어지는 길이다. 예를 들면, 오키나와에 가면 기타가 아니라 사미센(三線)이 즐겁고, 아오모리에 가면 콜라가 아니라 사과주스가 맛있는 것과 같다. 이처럼 지역경제는 지역의 고유한 생활문화를 물질적으로 지탱하는 것을 기본으로 하며, 결코 추상적인 국민경제의 축소판일 수는 없다.'

여러 이야기가 있지만 인상적인 부분은 '모든 지역이 동일한 경제 형태를 가질 수 없다.'는 부분이다. 맞다. 아무리 자본주의 사회고 모든 생산품과 공산품이 유통을 통해 퍼진다 해도, 전국 모든 지역이 동일한 형태의 경제 체제를 갖출 수 없다. 또 같은 방법으로 동일하게 성장할 수도 없다. 지역에 유리한 경제체제가 따로 있는 것이다.

그렇기에 우리 지역의 경제를 보호하고 외부와 교역을 활발하게 하려면 지역자체의 경제를 활발하게, 즉 생산과 소비를 가속화할 수 있는 매개체를 만들면 된다. 지역화폐는 그것이 가능하다. 우리 지역에서 생산되는 물건을 좀 더 싸게, 혹은 세금이 지역으로 돌아갈 수 있도록 소비한다면 지역의 보유 재원은 더 높아진다.

그리고 그 세금은 다시 지역에 생산과 소비, 문화, 복지 등 여러 분야의 지원으로 나갈 수 있다. 원리는 간단하다. 우리 지역 생산품을 구입하는데, 우리 지역화폐를 쓰면 우리 지역의 재원이 쌓인다. 이 간단한 원리부터 확실하게 고민한다면 어쩌면 새로운 길이 열릴 수도 있을 것이다. 조세정책에 따라 정부의 방향이 바뀌고 나라의 흐름이 달라진다. 당연히 서민들의 삶도 직접적인 영향권에 들어가 있다. 이런 중요한 정책에 대해 구체적인 언급이 없다면, 우리는 '무엇을 해주겠다.'는 말 뒤에 숨겨진 '어떤 방법을 통해서 해주겠다.'를 알 수 없게 된다. 조세의 명료한 흐름은 국가를 투명하게 하는 데 큰 힘이 된다.

또한 새 정부의 조세정책은 향후 5년간 세계 경제 악화라는 격랑에 휘말린 대한민국을 이끌어가는 돛대이기도 하다. 한편으로는 좀 쓸쓸하기도 하다. 과연 대선과 어떠한 정부에도 휘둘리지 않고 지방정부 자체만으로도 생존을 꾀할 수 있는 굳건한 방법은 없는 것인가? 새 정부가 들어설 때마다 해바라기처럼 중앙정부를 바라보고 인맥을 형성하려는 가련한 지방정부의 운명은 언제쯤 바뀔 수 있을까? 지역화폐가 그 답이다.

CHAPTER 5

유토피아는 없다,
현실에서 실현 가능한 모델로

단순히 화폐를 만드는 것이 아니라, 말 그대로 지역을 작은 나라화시키는 것이다. 지역 소속의 모든 공기관과 경제기관이 협조해야 하며, 향후 5년간 지역화폐가 생존하는 데 필요한 지원을 서로 아끼지 말아야 한다. 그래야 비로소 이 지역화폐가 지역을 살리는 대안으로 확고히 자리매김할 수 있게 된다. 작게 시작할 하등의 이유가 없다는 것이다.

우리가 가진
돈에 대한 관점을 바꿔라

2013년 개봉한 영화 <설국열차>의 마지막 장면에는 두 주인공이 담배를 피우며 이야기를 나누는 장면이 있다. 가장 열악한 환경에 사는 '꼬리 칸' 대장, 커티스는 모든 해결책이 앞칸에만 있다고 생각한다. 그래서 앞칸으로 가기 위해 혈안이 된다. 이런 모습을 본 열차기술자 남궁민수는 커티스에게 앞이 아니라 기차 밖으로 나가는 관점 변화에 대해 이야기를 한다.

기차 안의 사람들이 오랫동안 닫혀있는 문을 벽으로 생각한다는 것이다. 앞칸으로 가기 위해 혈안이 되기보다 문을 열고 밖으로 나가면 다른 방법을 찾을 수 있다는 남궁민수의 말은 많은 생각이 들게 했다. 굳어진 '당연한' 생각이라는 것이 얼마나 무서운 존재인지를 문득 깨닫게 된 것이다. 고정관념이라고 불리는 이 닫힌 시각, 이 시각을 깰 수만 있다면 우리의 삶은 상당 부분 변화될 수 있다. 하지만 오랜 시간 쌓여져 두터워진 고정관념을 깬다는 일은 쉽지 않다. 아니 거의 불가능한 경우도 있다. 아인슈타인조차 "인간의 고정관념은 원자핵보다 깨기 어렵다."고 했을 정도이니 말이다.

아울러 1970~80년생이라면 경제교육을 제대로 배운 적이 없다. 기껏해야 사회시간에 저축 습관화와 돈은 물물교환 편의성을 위해 만들어졌다는 정도가 전부다. 학생 때뿐일까? 성인이 되어도 경제에 관심이 없다면 딱히 배울 이유가 없다. 직장생활을 시작하며 부동산, 주식 정도에 재테크만 알고 있다. 더 나아간다면 근로소득세와 4대 보험 정도.

그런데 우리가 한 달 일해서 받은 급여 안에는 사실 엄청난 것들이 담겨 있다는 것을 알고 있다. 그 얼마 안 되는 것처럼 느껴지는 돈 속에는 인류의 철학과 자본주의의 역사, 국가의 경제 운영, 심지어 국제관계까지 들어가 있다.

"이 얄팍한 급여 안에 그런 것이?"

이렇게 부정하고 싶겠지만 사실이다. 그 급여가 얄팍해지게 만드는 것도 위의 내용 때문이다. 우리가 가지고 있는 돈에 대한 고정관념은 무엇일까. 월급 300만 원을 실제로 만져 본 적이 있나? 우리는 돈, 화폐가 실존한다고 당연히 생각한다. 그런데 실제로는 직접 손을 거치지 않고 소모되는 경우가 훨씬 많다. 1980년대만 하더라도 월급을 봉투에 담아서 받았다. 그렇지만 지금은 한 달간 열심히 일한 대가는 통장에 숫자로 기록될 뿐이다.

그리고 그 통장에서 각종 이체가 이루어지고 월급날이 다가오면서 숫자는 줄어든다. 한 달간 우리는 통장으로 들어온 월급이란 돈을 내 손으로 얼마나 만져보았을까? 어쩌면 직접 만지는 화폐는 우리 일상에서 상당수 그 모습을 감춰가고 있는 상황인지도 모른다.

두 번째, 돈이 많다는 것은 실제로 돈이 집 어딘가에 쌓여 있다는 것을 의미하는가? 아니다. 현 시대에 돈이 많다는 것은 숫자를 의미한다. 통장에 숫자가 음수가 아닌 양수로 찍혀 있다는 것이 더 정확한 표현이다.

세 번째, 신용카드는 돈인가? 아닌가? 내 통장에 찍혀진 숫자가 0이라 하더라도 신용카드를 가지고 내가 원하는 물건을 살 수 있다. 더군다나 이 신용카드는 통장처럼 숫자로 표시되는 돈도 아니고 그냥 카드이고 그 카드를 제시함으로써 결제가 이뤄진다. 그렇다면 이것은 화폐인가?

조금만 생각해 본다면 우리는 이미 화폐가 현물이 아닌 디지털화된 세상에서 살고 있다는 것을 알 수 있다. 디지털은 냉정하게 이야기하면 그냥 숫자다. 엄밀히 말하면 가상화폐다. 우리는 그런 숫자를 화폐라고 믿으며 사는 것이다. 즉, 우리가 생각하는 돈이라는 개념, 화폐라는 개념은 오래전부터 디지털화, 수치화됐다는 것이다.

그럼에도 우리는 돈이라고 하면 실물로 만질 수 있는 것을 떠올린다. 그리고 모양이 다르면 화폐라고 생각하지 않기를 주저하지 않는다. 화폐는 시대와 상황에 따라 늘 바뀐다. 다만 찍어내는 곳이 국가이기 때문에 큰 변화가 없다고 생각하는 것뿐이다. 이 고정관념을 살짝 바꾸기만 해도 사람들은 혼란에 빠진다. 마치 주머니의 돈이 사라지는 것을 경험하기라도 한 듯 말이다. 그렇지 않다. 돈을 금으로 바꿔도 돈의 가치는 그대로다. 중앙화폐를 지역화폐로 바꾸더라도 뭐가 사라지는 것이 아니다.

아침은 서울에서, 점심은 부산에서, 저녁은 광주에서 먹지 않는 한 지역화폐는 지역에서는 돈 그 자체다. 아니 어쩌면 돈보다 더 높은 가치를 부여받을 수도 있다. 일부를 제외하고는 돈을 가지고 돈을 버는 사람들은 없다. 돈은 소모적 의미가 많고, 교환의 의미가 주된 목적이다.

'지역화폐는 바로 이 목적에 충실하다. 교환.'

어차피 지갑에 없는 가상화폐로 이미 일상을 유지하고 있는 우리들로서는 지역화폐라고 해서 별다른 거부감을 가질 이유가 있을까? 또 하나, 우리가 돈에 의한 정보를 듣는 창구는 대부분 뉴스다. 그나마 공신력 있는 집단이기 때문이다. 그런데 부정적인 뉴스가 많다. 많은 범죄가 돈 때문에 발생하고, 고위 공직자나 재벌의 비리도 돈 때문에 부정부패를 일삼는다.

이런 부정적 뉴스의 근본은 자산 증식이라는 중앙화폐의 목적이 교환이라는 목적보다 더 강해지고 있기 때문이다. 지역화폐는 부정부패나 범죄에서 한발 벗어나 있다. 많이 가져봐야 지역에서밖에 소화할 수 없으며, 설혹 교환이 된다 하더라도 큰돈이 아니기 때문이다. 구태여 빼앗아갈 이유도 없으며, 뺏긴다 하더라도 다소간의 안전장치가 있다면 금방 그 화폐의 통용을 막을 수도 있다. 나아가 가상화폐로 통용될 경우, 범죄 위협에서 더욱 벗어나게 된다.

사실 오래전부터 화폐는 우리의 지갑을 떠나 있었다. 그저 우리가 숫자를 화폐로 믿고 있는 것일 뿐, 달리 말하면 여기에 새로운 지역화폐가 들어온다고 해서 불편하거나 일상이 바뀌는 것이 아니라는 것이다. 간단하다. 물건을 살 수 있는 화폐의 종류가 하나 더 늘 뿐이다. 지역 생산물은 우리가 만든 새로운 지역화폐로, 지역의 부와 개인의 자산증식은 중앙화폐로. 이러면 그만일 따름이다.

지역화폐는 중앙화폐와 다른 기능

　정치권에서는 지역화폐에 관심을 갖고 다양한 정책을 내놓는 분위기다. 반가운 일이다. 나는 오래전부터 지역화폐의 가능성, 그러나 소규모가 아닌 광역시 급의 가능성을 분석해왔다. 지역 자본이 외부로 노출되지 않으면서 세수확보와 지역주민 경제안정 등의 장점을 보유하고 있는 이 화폐는 풀뿌리 민주주의에 중요한 거점을 차지할 가능성이 다분하다.

　나뿐만 아니라, 상당수의 전문가들은 지역화폐의 새로운 모델 도출에 관심을 두는 분위기다. 2017년 2월 광주·전남 신문인 전남일보에 내가 기고한 글이 있다. '지역경제에 모두가 행복한 '지역화폐'가 답이다.'란 글이다.

소비지수가 갈수록 떨어지고 있는 지역경제와 어려운 지역 서민경제를 위해 광주광역시에 지역화폐 도입을 강력히 주장한다. 법정화폐인 원화는 교환하는 매개인 수단에서 수십에서 수천억을 쌓아놓은 자본가들의 돈이 돈을 버는 수단과 목적이 된 지 오래되었다. 법정화폐인 원화가 없어도 거래를 할 수 있고 사람이 필요한 최소한의 식료품을 구입할 수 있으며, 시장경제의 불완전성을 해소할 수 있는 지역화폐가 절대적으로 필요한 시점이다.

그동안 대전 등에서 시행하고 있는 지역화폐 사업은 비영리단체에서 회원들이 가지고 있는 재능이나 물품을 기부 또는 교환하는 방식이었다. 하지만 이런 수준이 아니라 공식적으로 광주광역시가 보증하고 무등산 등 지역상징이 인쇄된 지역화폐를 시민들이 결제수단으로 이용해 법정통화인 원화를 대체하는 시스템이어야 한다. 이 사업은 150만 광주광역시 인구 정도가 효과를 극대화할 수 있고, 매우 효율적인 규모라고 볼 수 있다.

우리 지역은 여느 지역에 비교해 풍부한 농수산물의 전초기지를 하고 있다. 즉 생산지로서 질 좋은 상품을 먹고 있지만 과연 가격이 적절한지 의문이다.

두 가지로 나눠 의문을 제기한다면, 먼저 높은 가격으로 먹고 있다는 가정이다. 비록 우리 지역에서 생산되는 농축수산물이지만 먼저 서울의 농축수산물 도매시장으로 올라가 공판가격을 형성한다. 유통업체는 유통마진을 추가해 지역민들은 비싼 값에 농축수산물을 소비하고 있다. 결국 지역 생산물이지만 대형유통업체나 체인화된 소매유통업체가 이익을 독식하고 있는 실정이다.

다음으로 낮은 가격으로 먹고 있다는 가정이다. 아마도 전통시장이나 전통시장 주변에서 좌판을 깔아놓고 한 달 전기료를 벌기 위해 노점을 하고 있는 할머니들이 직접 재배해 가져온 상추며 감자 등일 것이다. 이는 한마디로 제값을 받지 못하고 판매하는 실정으로 법정화폐인 원화를 확보하기 위해 비가 오나 눈이 오나 하루하루 쪼그리고 앉아 있는 것이다.

따라서 광주 지역민들은 우리 지역 농축수산물을 지역 유통업체들로부터 높은 가격으로 사거나 전통시장에서는 지역민들이 제값도 제대로 못 받고 헐값에 팔고 있는 실정이다. 적어도 우리 지역 생산물이라도 전통시장에서 지역화폐로 구입하는 것이 지역경제를 살릴 수 있는 답이다. 다른 지역에서 이미 실시하고 있는 지역화폐는 회원들끼리 나눔을 통한 소비확산을 위해 자생적으로 만들었으나 실효적이지 못한 것으로 알고 있다.

최근 2014년 2월경 강원도 화천에서 겨울산천어축제에 몰려든 행락객이 140만 명이었다고 한다. 낚시터 입장료 1만 2천 원을 내면 지역에서만 통용되는 같은 액수의 지역화폐인 상품권으로 주었다. 이렇게 발급된 상품권은 모두 15억 원어치, 대부분 지역 농산물을 구입하고 식당을 이용하는 데 쓰였다고 한다. 화천군은 축제 기간 입장객 수보다 상품권으로 지역 경제가 활기를 띤 것에 더 큰 만족감을 얻었다.

즉 상품권이 농산물을 바꿀 수 있는 지역화폐, 식당에서 쓸 수 있는 지역화폐가 된 것이다. 상품권을 도입한 지자체는 화천을 비롯해 양구, 인제 등 강원도 내 7개 시군이다. 시군 상품권 운영에 자극받은 강원도는 2017년부터 지역화폐를 도입하였다. 강원도는 경제력이 집중된 수도권에 연간 빠져나가는 돈이 4조 원 정도로 추정하고 지역 내에 돈이 머무르게 하고 돌게 해서 지역경제를 활성화해 보고자 하는 뜻이다.

한국은행 입장에서는 통화량에 문제가 없고 상품권처럼 만들면 큰 문제가 없을 것으로 입장을 밝히고 있다. 강원도가 광역권으로 처음 시도하고 있으나 강원도 내 다른 7개 시군에서 먼저 시행하다 보니, 기초단체장의 정당이 다르고 서로 치적을 앞세우다 보니 강원도지사와 협력관계가 되지 않은 것으로 알고 있다.

이를 반면교사 삼아 광주광역권으로 먼저 실시해 협약단체 구성원의 급여 중 일부를 지역화폐로 대체해 의식비를 쓰도록 하고,

지역에 머무른 자본으로 청년기업을 매년 1,000개 이상 투자하고 주부수당, 청년수당 및 노인수당을 추가 지급해 복지사업을 확대할 수 있다.

컴퓨터 시스템에 의해 작동되는 디지털 가상화폐인 비트코인을 2009년 미연방준비제도이사회 의장까지 효율적인 지불수단으로 인정하고 있는 추세에 무슨 지역화폐냐고 할 수 있지만, 비트코인은 가상공간에서 이미 범죄나 돈세탁 또는 지하경제에서 이용될 정도로 신자유주의 경제체제의 모순된 넥스트 머니가 되고 있는 실정이다.

따라서 지역화폐는 법정화폐가 없어 소비위축이 경기위축으로 이어지는 악순환 문제를 해소할 수 있고 또한 저성장 국면에서 역외로 유출되는 자본이 많은 우리 지역경제에서 가장 과감하고 필요한 정책대응이다.

한편 일본의 아베노믹스 전문가는 한국경제에 양적완화를 주문하고 있는데 지역화폐는 세계적인 추세인 양적완화를 대체하는 최상의 수단이다. 모두가 행복한 지역화폐 도입을 광주광역시에 주문하고 싶다.

위의 칼럼은 이 책의 전반적인 기조를 줄여서 원고지 10장분으로 만든 것이다. 이 글을 읽은 많은 사람들이 나에게 물어온다. 지역화폐가 지역불균형, 소득불균형 등 여러 가지 산적한 문제를 해결할 수 있는지 말이다. 정답부터 이야기하겠다.

'가능성은 높다. 하지만 중앙화폐와 같이 만능은 아니다.'

지역화폐는 여러 가지 산적한 문제를 일시에 해결해줄 수 없다. 지역화폐를 이야기할 때 많은 사람이 빠른 시간 안에 모든 것을 정리할 수 있는 지역경제의 만능열쇠로 생각하는 경우가 있다. 지역화폐가 만능이라는 생각 자체가 위험한 발상이다. 모든 일이 그러하듯 치우치면 문제가 발생한다. 지역화폐는 하나의 대안일 뿐이다. 물론 현재 지역경제 부흥에 관련한 가장 유력한 대안이다. 다만 지역화폐로 생길 문제점에 새로운 대안이 나오면 받아들여야 한다.

돈은 교환가치다. 원활한 교환을 위한 효율적인 수단이다. 이것은 돈의 시작이지만 끝은 사람이다. 지역이 가진 특성을 활용해서 부가가치를 얼마나 창출하느냐가 중요하다. 부가가치 창출이 지역불균형, 소득불균형을 해결해 준다. 지역화폐는 이 가치를 창출하도록 도와주는 매개체이다. 그럼에도 중앙화폐가 하지 못하는 것을 할 수 있으니 기대를 걸 수밖에 없는 노릇이다.

신뢰를
회복한다는 것

"모든 국민은 자신들의 수준에 맞는 정부를 가진다."

프랑스 정치철학자 알렉시 드 토크빌의 말이다. 우리는 지난 2016년 가을부터 박근혜 전 정권이 자행한 부정부패에 충격을 받았다. 기업을 겁박하고 대통령을 등에 업고 수많은 착취를 해왔으며, 국정을 흔든 것을 알게 되면서 분노를 넘어 서글퍼하고 자괴감에 빠졌다. 결국 국민은 촛불혁명을 통해 국민이 주인인 정부를 만들어 이명박 전 정권 이후 수년 동안 자행된 적폐청산을 향해 가고 있는 중이다. 정기적인 선거에 의해 특정 당이 만들어가는 대통령이 아닌, 문재인 대통령은 '나라

다운 나라' 대한민국을 만들어 대내외적으로 신뢰를 회복해야 하는 의무를 가진 모든 국민의 대리인이라고 할 수 있다.

한국투명성기구 광주전남 김범태 대표와 나눈 대화 내용이다. 부정부패 지수를 평가하는 국제투명성기구(TI)에서 매년 국가별 투명도를 발표한다. 이 중 상위권에 드는 나라가 있다. 바로 핀란드다. 핀란드에 투명도를 단적으로 보여주는 인터뷰가 있다. 우리나라 검찰청에 해당하는 핀란드 국립수사국(NBI)의 로빈 라르도트 부국장은 "20년 경력 중 NBI가 수사한 부정부패 사건은 단 한 건밖에 없었다."라고 인터뷰했다.

그 한 건은 노르웨이에서 쇄빙선을 임대하는 과정에 외국기업으로부터 공무원이 식사대접을 받은 일이다. 국립수사국 부국장이라는 직책에 있는 사람이 기억하는 부정부패 사건이 단 한 건, 그것도 식사대접이라는 사실에 놀라울 따름이다. 반면 대한민국은 어떤가. '최순실게이트'로 시작해 정경유착, 로비사건, 군납비리, 대기업총수 비리 등 매일 쏟아진다. 사실 뉴스를 보면 피곤하다. 20년 동안 단 한 건밖에 없다고 말한 핀란드가 부럽기도 하다. 그런데 이것이 꼭 정부에 국한된 것일까?

어느 날 택시 기사와 이야기를 나누던 중 마음에 남는 한마디를 들었다.

"정부나 기득권층도 문제가 심각하지만, 평범한 서민들도 문제가 심각합니다. 금액이나 정도에 차일뿐 다 똑같습니다."

그렇다. 정도의 차이일 뿐, 우리 일상에서 벌어지는 크고 작은 부조리는 상당하다. 최근 지인에게서 들은 얘기이다. 우리 지역은 산업적으로 낙후하다 보니 다른 지역에서 만들어진 제품을 밤잠을 설치며 운전해야 하는 화물기사 사업자가 많다. 그런데 이분들은 의무적으로 지입회사에 등록해야 한다. 그러나 화물연대 요구에 따라 면허권이 전국적으로 제한되어 있어 커미션으로 운수회사에 주지 않으면 면허를 받을 수 없는 상황이라고 한다. 더구나 차량 구매단계에서 캐피탈을 이용할 수밖에 없어 금융관계자 역시 운수회사에 일정한 커미션을 주어야 하고, 화물차량 윙바디 특수차량 제작사도 운수회사에 커미션을 주는 형국이라 한다. 아마도 몇몇 운수회사의 문제일 것으로 본다.

이렇듯 대한민국이 가진 오명(汚名) 중 하나가 '사기공화국'이다. 심지어 《사기공화국에서 살아남기》란 책이 있을 정도다. 통계적으로 풀어도 하루 평균 630건에 사기사건이 발생한다. 인구 등을 고려해도 엄청난 숫자다. 사기공화국이란 오명이 어쩌면 오명이 아니라 진실일지 모른다.

사실 지역화폐에 눈을 돌리게 된 계기도 바로 이러한 이유 때문이다. 대명제인 '화폐가 사람들에게 궁극적인 신뢰를 줄 수는 없을까'에서 '화폐를 통한 신뢰 구축은 없는가?'의 소명제를 고민하면서 만난 것이 바로 지역화폐였기 때문이다.

경제학자이자 미래학자인 헤이즐 헨더슨(Hazel Henderson)은 정통 경제학에서 주목하지 않는 경제학의 미개척지를 발견하는 일에 관심이 많고 환경문제와 사회문제에 중심을 두고 학문의 경계를 넘나드는 연구를 진행한 사람으로 유명하다. 그녀는 현대 경제학이 인간 행복의 증진을 위한 창조적인 도구이기는커녕 그 자체가 치유하기 어려운 질병에 걸려있다고 믿는 학자다. 그녀가 출간한 《윤리적 시장(Ethical Markets)》이라는 책을 보면 산업사회의 총생산 시스템을 다음과 같이 간략하게 설명하고 있다.

'산업사회의 총생산은 '어머니 자연' 위에 자리 잡고 있는 당의(糖衣)가 입혀진 3층 케이크와 같다. 맨 위의 케이크에 있는 당의는 민간부문으로, 여기에는 새로운 사업을 창설하는 기업가와 시장중심 기업과 산업이 있다. 그 밑에 있는 층에는 세금으로 충당되는 공공 부문이 있는데, 도로, 학교, 하수도와 군대, 그리고 식량, 수질, 대기 등을 관리하는 정부기관과 같은 사회기반 시설이다. 꼭대기에 있는 이 두 개의 층은 돈으로 이루어지는 생산 부문인데, 봉급을 받는 일자리를 창출하며 국내총생산(GDP)이나 다른 화폐 기준 지수로 기록된다. 하지만 그 아래에 있는 두 개 층은 대체로 주목받지 못하며 국내총생산이나 기업의 대차대조표에 포함되지도 않는다. 그 가운데 한 층은 가정과 지역사회에서 이루어지는 사랑, 돌봄, 나눔의 노동 등 한 나라의 생산과 교역에서 사라진 반쪽으로 '사랑의 경제'영역이고, 마지막 층은 자연의 생산성으로 인류의 경제와 기초 생존을 뒷받침해주는 '어머니 자연'이다.

여기서 내가 주목한 것은 바로 '사랑의 경제'영역이다. 즉, 더 적은 세금으로 더 많은 일자리를 창출하고, 범죄와 약물 사용을 줄이며, 소도시와 빈민가에 활기를 불어넣을 경제 말이다.

세계 최고의 문명국이라고 자부하는 미국은 신자유주의 세계화의 극점에 서 있는 곳이기도 하다. 이런 미국의 남부에 자리한 도시 뉴올리언스가 태풍 카트리나로 물바다가 된 이후 무차별한 약탈과 살인, 강간과 방화가 자행됐다. 치안을 회복하고 질서를 유지하기 위해 투입한 중무장한 군 병력에 사람을 죽여도 좋다는 발포권까지 부여했음에도 시가전 상황으로까지 치달은 극도의 혼란이 쉽사리 사그라지지 않았다. 반면 우리 지역은 영화 <택시운전사>에서 보듯이 민주화 혁명의 자랑인 5·18민주항쟁 시 음식을 나누고 휘발유를 공짜로 주입하는 등 서로 의지하며 국가 권력인 총에 맞섰다.

대지진이 발생한 일본 고베 지역의 경우에도 총으로 질서를 유지할 수밖에 없는 뉴올리언스의 모습과는 사뭇 달랐다. 주민들의 협동정신으로 정전과 단수, 굶주림 등의 피해를 최소화하고, 복구 기간도 엄청나게 단축할 수 있었다. 고베 대학 야스다 시게루(保田茂) 교수는 이런 배경에 "세계 최대의 협동조합 조직인 코프고베를 비롯한 이 지역 협동 조직의 힘이 있었기에 가능한 것"이었다고 한다.

이와 유사한 경험은 지금으로부터 약 20여 년 전 멕시코시티의 대지진 사고 후에도 발견된다. 독일의 저명한 녹색운동가이자 부퍼탈 연구소의 연구원으로 있는 볼프강 작스(Wolfgang Sachs)가 쓴 '개발-파멸로 가는 길'이라는 글에서 보면 '나는 온통 폐허와 체념과 붕괴와 더러움을 발견할 수 있을 뿐일 거라고 기대했지만, 막상 가서 보니 생각이 달라졌다. 거기에는 자랑스러운 상호부조의 정신이 있었고, 활기 있는 건설 활동과 그림자 경제가 있었다.'고 기술하고 있다.

고도의 자본주의 사회는 자연재해를 비롯해 식량, 에너지 위기 등 위급 상황에 처해질 경우 약탈과 폭력, 방화, 살인 같은 인간성이 상실된 모습이 터져 나올 가능성이 높다. 그러나 공동체가 살아 있거나 사회적 협동 경제 영역이 나름대로 남아 있는 지역의 경우는 연대와 협동의 힘으로 고난을 피하고 우정과 배려를 통해 서로의 상처를 끊임없이 보듬을 수 있다.

연대와 협동, 나아가 지역사회에서 이루어지는 사랑, 돌봄, 베풂, 나눔에 토대를 둔 물품교환과 노동의 제공 등 우리가 흔히 '사랑의 경제' 또는 '선물경제'라고 부르는 영역에 자리하고 있는 것이 바로 이 지역화폐다. 화폐가 단순한 재화를 넘어, 하나의 신뢰성 있는 사회법칙이 될 수 있으며, 공동체의 결속을 강하게 다질 수 있도록 하기 때문이다.

사기공화국으로 불리는 대한민국이지만, 신뢰를 살릴 수 있는 방법은 있다. 생각해 보라. 사기가 없는, 혹은 사기를 치기 어려운 지역사회, 멋지지 않은가.

중앙정부를 언제까지
바라볼 것인가

인터넷에 풍자를 잘하는 사회운동가 D가 큰 인기를 끌고 있다. D 특유의 논리 정연한 토론과 은근한 풍자는 아프리카 TV, 유튜브를 시청하는 사람으로 하여금 속 시원하게 해준다. D가 처음부터 사회운동을 한 건 아니다. 그는 고향에서 평범한 사회복지사로 살았다. 주 업무는 지역 어르신을 돌보는 일로 겨울철이 매우 힘들었다고 한다. 다행히 매년 정부에서 독거노인 난방비 지원으로 근근이 버틸 수 있었다.

그런데 난방비 지원을 약속한 새로운 정권이 들어오면서 가장 먼저 한 일이 난방비 지원을 끊는 일이었다. 이유는 예산 부족이었다. 그해 겨울 수많은 어르신은 추위에 떨었다. 그 모습을 본 D는 충격을 받았다. 정부만 쳐다보면서 살 것이 아니라 싸우고, 외치고 사는 게 더 현명한 일이라 생각하게 되었다. D는 사회복지사를 그만두고 정부의 잘못된 일을 찾아다니며 인터넷에 올려 인기를 끌고 있다.

저소득층이나 소외계층에 대한 난방비 지원 같은 기본적인 생계지원 등은 정부의 당연한 역할이라 생각할 수 있다. 하지만 예산이 없다면 언제든지 끊을 수 있다. 문제는 오직 정부지원만 쳐다 보는 사람은 그것이 끊기면 모든 게 무너진다는 것이다. 하나의 대안 외에 다른 대안이 없다면 칼자루는 하나의 대안이 갖게 된다.

그리고 그런 대안은 너무나도 많은 환경적 요인에 의해 방향을 바꾼다. 세계의 기름값이 올랐다거나 국제 밀가루 값이 떨어졌다거나 하는 우리 일상과 거리가 있는 변화에도 영향을 받아 곧바로 우리의 삶에 적용시킨다. 웃기지 않는가. 밀가루 값이 떨어졌는데, 빵값은 그대로다. 반면 기름값이 오르니 일시에 모든 정부 지원이 멈춘다.

가까운 후배인 김세용 금융전문가는 말한다. "과거와 지금의 가장 큰 차이점은 선물제도와 각종 파생시장을 유대계 자본이 독식하여 돈이 돈을 번다. 미국이 금융위기를 타개하기 위해 양적완화로 돈이 풀리자 2012년에 이어 2013년 유가와 농산물, 금속 가격이 폭등했다."며 우리나라 중앙정부도 세계적 금융자본가에 의해 어찌할 도리가 없다고 한다. 한편 이러한 속수무책인 중앙정부의 지원을 바라는 지방정부가 너무나도 많다는 것이다. 당장 우리 지역만 봐도 중앙정부의 도움이 없으면 안 된다.

세계 경제에 미풍만 불어도 흔들리는 중앙정부. 그리고 그 중앙정부만 바라보는 지방정부, 우리가 잘 알고 있는 대한민국의 모습이다. 그렇다면 지역화폐는 세계 경제에 흔들리지 않는 것인가? 물건값으로 무 한 개를 원하는 사람에게 지역에서 '무 한 개권'을 발행했다고 하자. 국가통화라면 인플레이션으로 인해 가치가 점점 줄어들기 때문에 반 년 후에 같은 돈으로 무 한 개를 살 가능성은 거의 없다. 그러나 지역통화는 실물로서의 무 한 개와 관계된 것이기에 항상 무 한 개와 교환된다.

물건의 가치와 돈과의 균형을 볼 때 물건의 가치가 떨어지는 것을 디플레이션, 물건의 가치가 올라가는 것을 인플레이션이라고 하는데, 지역화폐는 인플레이션에 매우 강하다. 이는 지역화폐의 목적이 화폐의 근본적인 존재 이유와 더욱 가깝기 때문이다.

지역화폐의 목적은 크게 두 가지로 나눌 수 있다. 첫 번째는 수평적 호혜관계와 상호부조 촉진이다. 두 번째는 지역경제의 자립과 활성화 촉진이다.

스위스 비어, 영국 브리스톨파운드, 독일 킴가우어, 프랑스 소낭트 등과 같이 법정화폐와 교환되며 비교적 최근에 만들어지고 있는 다양한 지역화폐들이 여기에 해당한다. 우리가 보아야 할 지역화폐의 목적은 두 번째다. 세계정세에, 바닷속 개복치만큼이나 민감한 중앙정부에 기대지 않으려면 결국은 지역경제 자립화밖에는 답이 없다. 산업단지를 들여와 돈을 많이 벌 것이 아니라면, 스스로 생산한 상품을 화폐가치가 크게 변동하지 않는 지역화폐로 대체하는 것이 생존의 길이다.

왜 선진국인 유럽에서조차 지역화폐를 도입하려고 하는 것일까?

간단하다. 보다 더 사람답게 살기 위해서다. 돈을 좇는 인생에서, 중앙정부에 읍소하는 지방정부의 복지재원에서 벗어나 '우리 복지는 우리가 알아서, 돈을 만들어 해결하겠다.'는 독립정신이 있기 때문이다.

　돈은 인간이 만든 제도에 지나지 않으며 인간이 바꿀 수 있는 것이다. 오늘날 사회에서 문제가 되고 있는 일들은 대부분 돈벌이와 관계가 있다. 만일 현재 지구상에 있는 돈을 한꺼번에 모두가 물건으로 바꾸고자 한다면, 지구가 몇 개 더 필요할 정도로 돈의 가치가 너무 부풀려져 있다. 이런 부풀려진 돈은 다 어디에 있을까? 한 가지 확실한 것은 우리에게는 없다는 것이다. 그러니 이제 부풀려진 돈 말고, 말 그대로 돈이 돈의 역할에서 머물 수 있도록 해야 한다. 지역에서 돈이 없어 굶어 죽는 사람이, 의료혜택을 못 받는 사람이 없도록 텅 빈 국고만 쳐다볼 것이 아니라, 우리 스스로 재원을 만들어야 한다. 21세기다. 사람답게 살아봐야 할 것 아닌가.

성공경험은
나눌수록 더욱 발전한다

　모든 정책이 다 그러하지만 지역화폐 역시 행동해야만 확산, 발전시킬 수 있다. 당연히 행동주의에는 사전에 철저한 준비가 필요하고 다양한 분야에서의 참여가 우선돼야 한다. 특히 그중에서도 지역 정치권의 참여는 필수불가결하다. 바쁜 국회의원들까지는 무리더라도 광역의원, 기초의원들의 지역화폐에 대한 관심과 공감대 형성은 정말 필요한 일이다. 타 지역에서도 기관보다 정치권에서 지역화폐를 권유하는 일이 늘고 있다. 멀리 볼 것 없다.

　2017년 4월 정읍시의회 이도형 시의원의 발언을 보면 알 수 있다. 당시 이 의원은 제222회 정읍시의회 임시회에서 "인구감소를 막고, 지역경제는 살리는 지역화폐를 도입하자."고 5분 자유발언을 했다. 이 의원은 발언을 종합해보면 정읍시는 다원시스 등 기업유치 성과를 바탕으로 인구 15만 회복을 선언하고, 이를 위해 다양한 시책을 전개하고 있지만 2014년 12월 말 11만7,183명, 2015년 12월 말 11만5,977명, 2016년 12월 말 11만5,173명, 2017년 3월 말 11만4,588명으로 11만5,000명 선도 무너졌다.

그리고 인구를 늘리기 위해서는 더 이상 소극적인 정책으로는 불가능하다는 결론이다. 이에 이 의원은 "숫자에 연연하는 것보다 현재 거주하는 사람들의 행복지수를 높이고, 도시의 자족적 기능을 확충하는 쪽으로 발상의 전환을 해야 한다."고 주장했다. 이를 위해 자금의 역외유출을 막고, 지역에 돈이 돌아 인구유출을 막을 수 있는 방안으로 지역화폐의 일종인 지역상품권의 도입을 제안한 것이다. 이 의원은 "우리가 잘 알고 있는 온누리상품권은 정읍지역 내에서 2015년 26억2,500만 원, 2016년 36억4,500만 원, 2017년 3월 말 기준 12억7,700만 원으로 사용량이 꾸준히 증가하고 있다."며 "이를 발전시켜 성남시, 태백시, 담양군 등 상당수 지자체에서 시행하고 성능이

검증된 지역상품권을 사용하자."고 피력했다.

구체적인 방법도 제시했다. △지역경제를 살리기 위해서는 지역화폐 성공사례를 벤치마킹하고 △정읍사랑 지역화폐 지원 조례를 제정하고 △지역상품권으로 이용 가능한 물품과 취급 업소를 폭넓게 선정하는 인프라를 구축해 △관외 출퇴근 공무원들이 앞장서서 일정금액을 지역상품권을 자발적으로 구매하는 운동을 펼치고 △이를 타 직업 종사자에게로 확산한다는 것이다. 지역화폐의 중요성을 인지하고 전도사를 자임하고 있는 입장에서 기초의원들의 지역화폐 동참이 반갑기만 할 뿐이다.

기본적으로 성공한 사회운동 5단계는 아래와 같은 단계를 거치는 경우가 많다.

1단계, 당신이 보여주기 원하는 변화를 정의해라

2단계, 동맹의 범주를 확장하라

3단계, 조직 혹은 기관의 지지를 얻어라

4단계, 압도하기보다 끌리게 하라

5단계, 승리를 유지하기 위한 계획을 세우라

모든 단계가 중요하지만 나는 특히 2단계와 3단계에 주목해야 한다고 생각한다. 사회적 변화는 결코 혼자 행동해서는 이룰 수 없다. 많은 사람들이 동참해야만 가능하다. 지역화폐 확산도 그렇다. 동참이 많아야만 성공시킬 수 있다. 그리고 성공경험을 누구와도 나눌 용기가 필요하다. 또 다른 곳의 성공경험담을 과감히 카피할 줄도 알아야 한다.

우리나라에서 지역화폐의 성공 경험은 사실 많지 않다. 오래전에 시작했지만 대부분 일정 범위까지는 넘지 못했다. 그만큼 지역화폐 확산이 쉽지 않다는 뜻이다. 지금 시작하는 지역화폐 대부분은 실험적 성격이 강하다. 이 중에서 모범적으로 성공시킨 사례가 나오면 자극제가 될 수 있다. 보편 타당한 방법과 운영으로 성공한 지역화폐가 나오면 확산에 큰 도움이 된다. 단 성공사례를 공개하고 나눌 때 말이다.

더욱이 내가 추진하고자 하는 지역화폐는 소규모 사회운동이 아니라 광역시급의 지역화폐다. 지역화폐의 출발점은 대부분 '같이 살아갈 방법이 없는가?'에서 시작한다. 문제점도 있다. 사람들의 관심을 불러 모았던 광역권인 강원도의 지역화폐는 시작 초기 '현금깡' 논란이 불거졌다.

인터넷 포털 중고거래 사이트에 강원상품권을 할인해 현금으로 거래하는 글이 올라오기 시작한 것이다. '2만 원 강원상품권을 1만 8,000원에 팔겠다.'든가 '강원상품권 5만 원을 등기비용 포함해 4만 7,000원에 판매한다.'는 식이다. 더욱이 강원도는 2016년 '강원상품권 발행 및 운용조례'를 제정, 발행된 상품권은 사용하기 전 현금으로 교환할 수 없도록 했는데도 이를 정면으로 어긴 것이다.

그렇다면 이런 현상은 왜 발생했을까? 강원도 의회와 전문가들은 강원상품권의 제한된 사용점, 현금대체성 미비, 제도 공감대 부족 등 한계가 해소되지 않은 상황에서 양적 확산 위주 정책에 수반된 부작용이라고 보는 경우가 상당하다. 실제로 강원도 자료에 따르면 2017년 1월 30억 원 규모의 강원상품권을 1차 발행, 유통시켰지만 3개월 가까이 지난 3월 29일 기준 판매액은 20% 수준인 6억1,186만 원에 그쳤다. 환전 금액은 판매액의 30% 수준인 2억3,114만 원에 불과했다. 호응도 크지 않고 실제 통용도 제대로 되지 않는다는 얘기다.

소비자들이 사용가치를 느끼지 못할 경우 결국 지역화폐는 자연스럽게 도태될 수밖에 없다. 강원도의 추진력 있는 사업 진행은 좋았지만, 이 책에서 몇 번이나 강조했던 홍보와 교육이 미진했던 것이다. 또 다른 이유 하나는 같이 협업해야 할 화천군 등 일부 기초단체에서 상품권을 발행한 이유도 있다. 지역화폐는 특정 기관의 힘으로는 불가능하다. 지역의 각계각층이 달려들어야 한다. 경제계와 산업계, 공공기관, 시민단체, 정치권까지 모두가 하나의 주제를 가지고 지역의 유통망부터 경제 흐름까지 상세히 파악한 후에 실시해야 한다. 물론 이 과정에서 시민들에 대한 홍보와 교육이 병행돼야 한다.

많은 이들이 모여야만 가능한 것이 있다. 촛불혁명도 그러했다. 전 국민의 뜻을 촛불로 비쳤기에 우리는 국민이 주인인 정부를 맞이할 수 있었다. 지역화폐도 그러하다. 각 분야에서 이에 대한 관심을 갖고 서로 깊은 논의를 나눠야 한다. 성공경험담을 과감히 받아들이고 실패의 원인도 분석해야 한다. 모두가 같이하면 빨리할 수 있다. 또 길게 갈 수도 있다. 이렇게 한 자리로 모으는 역할을 할 단체만 있으면 된다.

시작부터
큰 그림을 그려라

경기연구원이 2017년 4월 '경기도 지역화폐 활용방안 연구'를 발표했다. 지역화폐에 대해 지역 연구기관이 심도있게 연구하고 그 결과를 발표한 사례가 최근 드문 것을 생각한다면 충분히 참고할 가치가 있는 보고서다. 더욱이 경기도는 우리 지역과 비교하여 경제자립도가 높고 투자가 활발히 이뤄지는 지역이다.

특히나 이 보고서는 향후 경기도 차원의 지역화폐 도입에 있어 유의미한 정책자료를 산출하는 것을 목적으로 하기 때문에 광역시급 지역화폐의 활용에 초점을 맞추고 있다. 보고서의 후반 부분을 보면 '과천 품앗이' 참여자 인식분석이 나온다. 과천 품앗이는 지난 2001년부터 실행해온 지역화폐의 일종으로 해당 화폐 확산 활동에 참여하고 있는 참여자들의 참여기간을 조사한 결과, 5년 이상이라고 응답하고 있는 비중이 71.8%로 대다수를 차지하고 있었다. 지역화폐 활동에 대한 참여계기를 묻는 항목에서 지역화폐 참여자들은 '지역 내 이웃 간 친밀감 강화'를 위해서가 61.5%로 가장 높은 응답을 보이고 있다. 다음으로 '지역 공동체성 강화 등 목적에 대한 공감'이 48.7%였다.

지역화폐 활동의 참여에 있어서 공동체성 강화에 대한 의지가 우선순위로 파악되는 반면, '소규모 소비활동 개선을 통한 가구 경제 개선'이나 '지역순환경제 구축 등 목적에 대한 공감' 등 지역의 경제적 측면에 대한 동기는 각각 33.3%와 30.8%로 상대적으로 약하게 인식하고 있었다. 다시 말해 '지역화폐가 가구소득 증대 중 가구 경제 개선 효과가 있다.'고 생각하는 비중이 작다는 것이다.

지역화폐 운영에 있어서 애로사항으로 가장 많은 응답을 보이는 것은 가맹점 등 거래대상, 거래물품 확보의 어려움이라고 응답한 대상자가 전체의 94.9%였다. 즉, 지역화폐로 구입할 수 있는 것이 너무 부족하다는 것이다. 또한 과천시민들은 지역화폐 지원을 위한 정책 도입에 있어서 지원 관련 조례 도입의 필요성을 묻는 말에는 전체의 97.4%가 조례 제정의 필요성을 인식하고 있었다. 이는 직접적으로 조례의 필요성과 더불어 제도적 지원의 필요성을 대변하는 것으로 보인다.

더욱 궁금한 것은 경기도민들의 지역화폐에 대한 생각이다. 보고서에서는 경기도 거주 일반 도민들 중 지역화폐, 대안화폐, 레츠 등에 대해 알고 있다고 응답한 비중은 27.3%이며, 들어본 적 없다는 응답이 72.7%로 대다수의 도민들에게 지역화폐라는 개념이 생소한 것으로 나타났다. 그러나 지역화폐라는 개념을 설명하고, 이러한 정책도구가 도입된다면 활용할 의향이 있느냐는 질문에 대해서는 70.3%가 활용할 의향이 있다고 대답했다. 지역화폐의 개념은 생소하지만 정책적 수요는 일정 부분 존재하는 것으로 파악된 것이다.

다음으로 지역화폐가 도입된다면 어떠한 방식으로 참여할 의향이 있는가에 대한 질문에 경기도민들은 지역화폐를 활용한 재화 및 서비스의 구매로 대표되는 소비자 역할이 78.7%로 나타났다. 그러나 기타 생산자 역할이나 학습활동 참여, 운영지원에 대한 참여 등은 상대적으로 미흡한 수준이었다. 이는 대다수의 경기도민이 지역화폐를 직접 참여를 통한 자치의 영역으로 판단하기보다는 수동적 서비스 수혜자의 역할로 인식하고 있는 것을 알 수 있다.

경기연구원은 이런 결과를 바탕으로 '지역화폐는 공동체 형성이라는 점에서 일정 부분 정책효과를 기대할 수 있는 것으로 파악되며, 지금까지 규범적으로 논의되어온 경제적 측면에서도 상당한 기대효과를 산출하는 것으로 분석되고 있다.'는 결론을 내렸다. 압축해서 소개했지만 이 보고서의 의미는 상당하다. 지역화폐가 발행될 경우 이를 사용하겠다는 응답이 78%라는 점은 주목해야 한다. 다만 생산의 역할에서는 참여하지 않겠다고 말했다. 지역화폐는 기실 화폐의 개념이 아니라 공동체의 나눔 개념으로 출발했다. 하지만 도시민들은 나눔 개념을 줄이는 대신 화폐의 개념을 더 강하게 인식하고 있다. 지역화폐를 중앙화폐의 대안으로 보고 있는 것이다.

즉, 너무나 많은 의미를 지역화폐에 담을 필요는 없다. 나눔과 공동체는 부차적인 이야기다. 중앙화폐 대신 지역화폐를 사용할 경우 재래시장을 포함한 지역상권의 소비가 증가하고 여유로운 재원으로 지역 발전이 가속화된다는 이야기만으로도 충분하다. 그리고 어떻게 가속화되는지, 또 어떤 방식으로 지역에 도움이 되는지를 설명해주면 된다. 그것만으로도 경기도에서는 지역화폐의 활용 가치가 생긴다. 이쯤에서 우리를 한번 돌아보자. 과거 광주에서는 '나누리'라는 지역화폐가 있었다. 소규모 그룹이 아닌 전체 광주시민을 대상으로 무작위적 모집을 한 지역화폐였는데, 그 생명이 길지 못했다.

운영과정에서의 소통의 원활성이 문제가 됐고 이 소통의 문제는 신뢰성의 문제로 이어져 통화물품에 대한 믿음이라는 부분에서 거래 장애 요소로 발생했다. 또한 이 지역화폐에 참여했던 사람들 대부분이 일정 정도의 사회적 의식과 자원 봉사적 관점에서 접근함으로써 판매물품은 많은 데 비해 구매하고자 하는 물품이 적어 거래가 원활하게 형성되지 못했다. 여기에 거래를 통해 실제적인 경제적 혜택과 이익으로 이어지지 못해 거래 활성화에 한계적 요인이 발생했다.

특히 거래를 촉발시킬 수 있는 경제적 이해관계가 높은 물품을 안정적으로 공급하는 최소단위가 형성되지 않아 초창기 거래의 기반구축이 실패한 것이 타격이 컸다. 이는 의도는 좋았으나 철저한 준비가 수반되지 않았고 시민운동의 개념으로 출발했기 때문으로 분석된다.

경기연구원의 분석과 나누리의 실패를 엮어보자! 광역시급의 화폐 확산을 위해선 먼저 지역민이 이를 인지하고 필요성에 공감해야 한다. 이어 사용의 간편함과 소비 범위가 넓고 다양해야 한다. 아울러 이것이 지역의 경제의 도움이 된다는 것을 대부분 인식해야 한다.

자원 봉사적 접근이나 사회 활동적 접근이 아니라, 기관과 민간이 손잡고 지역발전의 중대한 정책으로 접근해야 한다. 출발 당시부터 중앙화폐의 대안이라는 큰 그림으로 가야 한다는 것이다. 지역 경제를 살리는 지역화폐는 소규모의 단체가 할 수 있는 일이 아니다. 동네를 살리는 규모라면 가능하겠지만, 광역시급은 그에 걸맞은 단체가 존재해야 하고 지방정부의 주요기관이 이를 뒷받침해줘야 한다.

단순히 화폐를 만드는 것이 아니라, 말 그대로 지역을 작은 나라화시키는 것이다. 국민이 주인인 문재인 정부는 향후 준연방제 수준의 지방자치와 지방분권을 실현하려 한다. 그리고 주무부서인 행정안전부의 김부겸 장관은 절대적인 실천을 주문하고 있다. 따라서 국정목표마저 그 방향이 일치한다. 지역 소속의 모든 공기관과 경제기관이 협조해야 하며, 향후 5년간 지역화폐가 생존하기 위해 필요한 지원을 서로 아끼지 말아야 한다. 그래야 비로소 이 지역화폐가 지역을 살리는 대안으로 확고히 자리매김할 수 있게 된다. 작게 시작할 하등의 이유가 없다는 것이다.

풀뿌리 경제가
천민자본주의를 이긴다

"학생 여러분! 10억의 거액을 가질 수 있다면 범죄를 저지르고 1년 정도 교도소에 가도 괜찮겠습니까?"

2016년 어느 단체에서 전국 초, 중, 고학생 1만1천 명을 대상으로 조사한 내용이다. 놀랍게도 고등학생 56%가 갈 수 있다고 답했다. 이어 중학생 39%, 초등학생 17%는 10억이면 교도소 1년쯤 갈 의향이 있다고 말했다. 그뿐만 아니라 "이웃의 어려움과 관계없이 나만 잘살면 된다."고 답한 고등학생은 45%, 중학생 30%, 초등학생 19%를 넘었다.

그렇다. 우리는 돈을 벌 수만 있다면 교도소에 갈 수 있다고 생각하는 고등학생이 10명 중 5명이 넘는 사회에서 살고 있다. 이런 통계까지 나온 이유는 우리 어른들의 잘못이다. 돈이 전부인 세상을 아이들에게 늘 보여주고 있기 때문이다.

우리가 살아가는 과정 그리고 사회가 유지되기 위해서는 무엇보다 돈이 필요하다. 필요를 넘어 생존이며, 강렬한 욕망의 대상이다. 하지만 생존과 욕망이 지나치면 천해진다. 돈을 벌기 위해 어떤 일을 해도 괜찮다는 생각이 만연한 사회를 우리는 천민자본주의라고 부른다. 그리고 어느새 우리는 그 정점 언저리에 있다.

"사회주의에 최악의 모습은 북한이고, 자본주의에 최악의 모습은 남한이다."

세월호 사고를 두고 어느 외국 기자가 한 말이다. 어른들이 만들어놓은 천하게 돈 버는 시스템 한가운데 있었던 세월호에서 무고한 아이들이 서글프게 죽었다. 그리고 그 또래 아이들은 10억을 주면 교도소쯤은 갈 수 있다고 말한다. 우리 아이들의 삶을 책임지고 안전을 보장해야 하는 몫은 중앙정부는 물론 지방정부에게도 있다. 그래서 문재인 정부는 5대 국정목표에 '내 삶을 책임지는 정부'를 천명하였고 지방정부도 마찬가지일 것이다.

이 책은 이론서가 아니다. 구체적인 보고서도 아니며, 그저 지역화폐에 대한 내 생각과 실천 의지를 담은 책이다. 다만 그 기저에는 이런 천민자본주의를 벗어나고자 하는 지역경제전문가의 고민이 담겨 있다는 것을 알아주시길 바란다. 나는 국가와 지방의 재원인 세금을 다루는 전문가다. 자본주의의 첨병에 서 있다. 돈이 가치 있게 쓰이는 것과 천박하게 쓰이는 것 모두를 알고 있다. 우리 사회에 뿌리 내린 자본주의 신경계통을 담당하고 있기 때문이다.

돈은 중요하다. 하지만 돈이 사람보다 우선해서는 안 된다. 지역화폐를 주장하는 것 역시 이런 맥락이다. 향후 저성장 경기 상황에서 중앙에 기대는 지방정부는 비참해질 수 있다. 중앙에서 돈을 받기도 힘들뿐더러 받은 만큼 간섭을 감내해야 한다. 우리 지역의 아이들의 점심밥에 반찬 하나를 더 올리고 싶어도 눈치를 봐야 한다. 우리 지역 노인정에 에어컨을 달아주려 해도 망설여진다. 내 주머니의 돈이 내 것이 아니기 때문이다.

더욱이 광주·전남은 이런저런 이유로 역대 정부로부터 제대로 된 지원을 받은 적이 드물다. 오죽했으면 지역민들은 이제 '지역차별'이란 말이 조금이라도 나오면 민감하지도 않고 화를 내지도 않는다. 그러나 문재인 정부를 탄생시킨 호남인으로서 적어도 국민이 주인인 정부에서는 그런 말을 듣고 싶지 않다. 앞으로 2~3년이 중요하다.

　현재 광주는 인권도시, 문화도시, 민주화의 도시라고 불리지만 많은 젊은이들이 고향을 떠나기 일쑤다. 먹고살 것이 막막하기 때문이다.

언제까지 이래야 할까?
계속 중앙정부만 쳐다 보고 있을까?
그 질문에서 출발한 것이 이 책이다.

　많은 것을 다루지 못했다. 나 역시도 공부가 더욱 필요하다. 그런데도 서둘러 책을 쓴 것은 '조금이라도 빨리해야' 하기 때문이다. 정권이 바뀌고 새로운 변화가 온다. 이 시점에서 우리 역시 스스로 지역의 공기를 바꾸어야 한다. 패배의 느낌이 아닌, 차별의 느낌이 아닌, 무거운 공기가 아닌, 발전과 미래를 지향하는 물결을 채워야 한다. 남에게 기대지 말자. 우리가 할 수 있다. 우리도 할 수 있는 게 있다. 좋은 정책과 아이디로 가득 찬 수백 톤의 보고서보다 그중 한 가지라도 제대로 실천할 수 있는 행동이 필요한 때이다.

그래서 나는 감히 이 책 한 권을 들어 말하고자 한 것이다. 한 페이지 한 페이지 쓰다 보니, 막막했던 마음이 가능성으로 바뀌고, 또 길이 보이기도 했다. 물론 이 책은 앞으로 지역화폐에 대한 내 생각의 프롤로그일 뿐이지만, 먼 길을 떠나기 전 마음을 정리하고 이를 알리는 글이기도 하다는 점에서 의미가 깊다. 천박함을 이기는 것은 고급스러움이 아니라 상식이다. 돈보다 사람이 중요하다는 상식, 법을 지키는 것이 위법으로 돈을 버는 것보다 낫다는 믿음, 그리고 모두가 같이 나아가면 세상이 변한다는 철학이 천민자본주의를 벗어나는 일이고, 우리의 아이들에게 제대로 된 세상을 가르칠 수 있는 일이다. 나는 그 일이 광주와 전남에서부터 충분히 가능하다고 생각한다. 1980년 5월 광주전남이 단 한 번의 절도도 없었던 도시라면 충분히 천민자본주의의 사슬을 제일 먼저 훌륭히 끊어낼 수 있을 것이라고 확신한다.

"죽은 후에도 나의 무언가는 살아남는다고 생각하고 싶군요. 그렇게 많은 경험을 쌓았는데, 어쩌면 약간의 지혜까지 쌓았는데 그 모든 게 그냥 없어진다고 생각하면 기분이 묘해집니다. 그래서 뭔가는 살아남는다고. 어쩌면 나의 의식은 영속하는 거라고 믿고 싶은 겁니다."

이것은 2011년 늦가을 세계적인 거장 스티브 잡스가 죽기전 한 말이다. 이처럼 부족한 나도 '배꽃을 버려야 배가 되듯이 나무는 꽃을 버려야 열매를 맺고, 강물은 강을 버려야 바다에 이른다.'는 말처럼 그동안 세무사로서 조금 편한 길을 뒤로하고 모두가 행복한 세상을 만드는 헌신과 봉사의 길로 들어선다.

이제까지 쓴 글이, 자본이 영속하는 즉 자본주의로 살아가는 세상에서 의미 있는 파도가 되길 바란다. 내가 존경하고 사랑하는 멘토이자 세상의 모든 지혜를 가지고 있는 박홍래, 조도현 두 고문님의 공통된 말씀으로 글을 마무리하고자 한다.

"살아보니 물질문명의 삶은 경쟁과 속도였다. 이제는 정신문명으로 가야 한다. 그 세계는 바로 경쟁보다는 더불어, 속도보다는 멈춤 바로 쉼이라고 생각한다. 그런 세상을 만드는데 김영록 씨가 일조하길 바란다. 그리고 성공해야 한다. 사랑한다!"

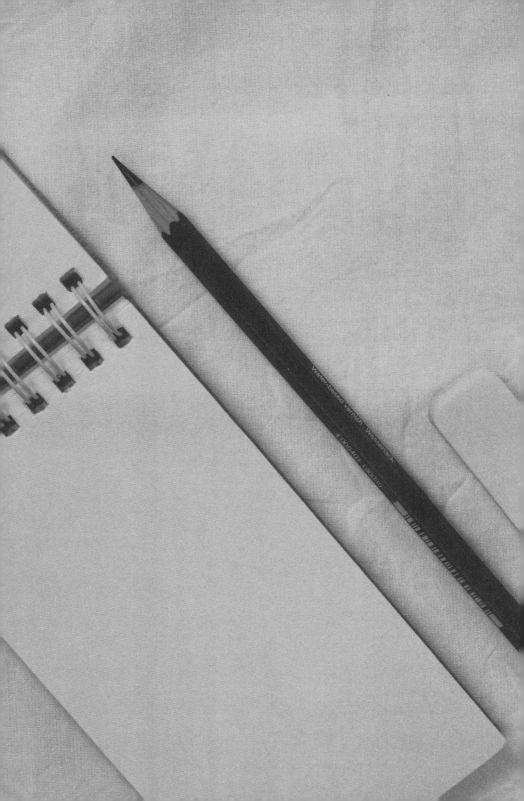

부록
사단법인 우리민족
이사장 취임 인터뷰

사단법인 우리민족
이사장 취임 인터뷰

나는 2017년 봄부터 한반도의 평화와 화해협력을 실천하는 NGO인 사단법인 '우리민족' 이사장으로 봉사활동하고 있다. 취임 시에 CBS 시사보도프로그램 진행자인 이남재 선생과 나눴던 인터뷰 내용을 소개한다.

Q: 사단법인 '우리민족'의 신임 이사장으로 선임되셨습니다. 소감이 어떠신지요?

[김영록] 네, 많은 분들로부터 축하 인사도 받았습니다만, 초대 이사장이셨던 윤장현 시장님 그리고 정석주 전 이사장님께서 일궈놓은 사단법인 우리민족 단체가 민간기구로서 그동안 여러 가지 여건상 남북관계보다는 중국에 있는 조선족 사회에 중요한 역할을 해왔습니다.

잘 아시다시피 이명박 정권 5·24조치로 민간을 포함한 정부차원의 대북지원도 막혔지 않습니까. 박근혜 정권에서는 개성공단 폐쇄로 남북화해 무드는 최악일로의 상태이죠. 더구나 최근 사드배치 문제로 미. 중. 일. 러 동북아 정세가 매우 엄중한 시점에 이사장 취임으로 막중한 책임감을 느끼고 있습니다.

Q: 이사장님은 취임 이전, '우리민족' 단체와 어떤 연을 이어오셨나요?

[김영록] 우리 지역 시도민은 남의 불행이나 슬픔을 짠하게 생각하는, 즉 측은지심이 매우 높습니다. 그래서 누구나 같은 마음이지요. 그래서 남북문제나 통일문제에 관심이 많습니다. 제가 존경하는 김대중 정부 시절인 2000년에 역사적인 6·15 남북공동선언을 계기로 광주도 민간차원에서 민족화해협력사업을 추진해나가자는 의견이 모아졌습니다. 지금 광주평화재단에서 봉사활동하고 있는 정영재 대표**(현 대통령직속 북방경제협력위원회 전문위원)**와 함께 '인도적 대북지원과 한민족 교류협력 사업을 통해 갈등과 대립을 깨고 한반도의 평화정착과 민족의 화해와 공존을 이루어가는 데 기여'하고자 우리민족의 창립 발기인으로 참여했고, 최근까지 이사장 취임 전 공동대표로 활동해 왔습니다.

Q: 우리민족의 경우 광주전남지역의 대표적인 남북교류단체입니다. 우리민족 단체가 어떤 업무를 맡고 어떤 활동을 하는 곳인지 소개 먼저 해주시죠.

[김영록] 말씀드린 대로 우리민족은 2000년 6·15정신을 계승하고, 민간차원의 화해협력을 위해 창립했습니다. 북한은 1990년대 중반을 넘어 고난의 행군 시절로 북한 동포들이 경제적으로 매우 어려움을 겪었습니다. 그래서 우리는 주로 쌀과 밀가루, 농산물 등 식량지원에 집중했습니다. 이후 2006년부터는 농기계지원과 비닐온실 지원 등을 통해서 북한의 낙후한 농업구조를 변화시키기 위해 노력해왔습니다.

이후 이명박 정부 들어 5·24조치로 남북관계가 전면 중단되는 상황을 맞았는데, 그럼에도 불구하고 우리민족은 중국을 경유한 우회지원을 통해 북한 어린이 급식지원과 수해동포 지원활동을 꾸준히 노력해 왔으나 상황은 그리 녹록지 못했습니다. 또한 동북아시아의 평화와 한민족의 화해협력을 위해서 우리 민족인 중국 조선족을 위한 한글도서 지원과 도서관 지원 등 중국 조선족민족학교에 대한 지원과 교류사업도 지속적으로 진행하고 있습니다.

Q: 북한의 계속되는 도발로 남북관계의 불확실성이 증대된다는 우려도 있습니다. 현재 정국으로 봤을 때, 원활한 남북교류를 위해선 어떤 대북정책이 마련돼야 한다고 생각하십니까?

[김영록] 우선적으로 5·24조치가 철회되어야 할 것입니다. 전쟁 중에도 상대방과 대화를 합니다. 대화와 만남 자체가 원천적으로 봉쇄된 상태에서는 어떠한 통일논의도 불가능하기에 남과 북 상호 간에 일방통행만 하는 것입니다. 그리고 민간 차원의 교류는 어떤 상황에서도 정치로부터 자유로울 수 있어야 합니다. 100만 명 이상이 금강산과 개성을 오갈 때는 적어도 전쟁의 위험을 걱정하지는 않았다는 것을 잘 기억해야 할 것입니다.

Q: 대북지원과 관련해서도 말이 많습니다. 이사장님께서 생각하시기에 대북지원은 어떻게 이뤄져야 한다고 보십니까?

[김영록] 네~ 보수정권은 대북지원을 '퍼주기'로 말합니다. 이념대결의 상징처럼 활용해 왔는데, 이는 사실이 아닙니다. 이런 생각은 바람직하지 않습니다. 예를 들면, 1년 전 근로자 인건비가 북한 핵개발에 이용된다는 이유로 개성공단을 전면 폐쇄했습니다. 이는 국회 국정감사에서, 통일부 장관 스스로 '증

거는 없다.'고 밝혔듯이 정부의 억지주장이었다는 것이 사실로 드러나기도 했죠. 어려울 때 서로 돕는 상부상조의 정신에서 신뢰가 싹트고, 민족적 동질성도 회복될 수 있습니다. 또한 적어도 전쟁의 위험에서 벗어나 평화를 이야기하는 환경이 조성될 수 있는 것입니다.

Q: 그렇다면 남북통일의 가능성에 대해서도 어떻게 전망하시는지? 통일을 위한 방법으로는 무엇이 있을까요?

[김영록] 중요한 질문을 주셨는데요. 통일은 결과가 아니라 과정입니다. (당시)박근혜 대통령이 '통일대박'을 이야기하면서, '통일은 도둑처럼 온다.'고 했는데 이는 전혀 현실적이지 않습니다. 70년 이상을 떨어져 살았는데 한쪽이 망하지 않고서야 어떻게 한순간에 통일이 이루어지겠습니까? 통일은 서로의 체제를 유지하면서 지속적인 만남과 교류의 과정을 통해 공통분모가 훨씬 커질 때 비로소 가능합니다. 때문에 통일은 과정일 수밖에 없고, 만나는 순간 통일은 이미 시작된 것입니다.

Q: 남북관계 성립에는 우리 정부의 힘이 빠질 수 없죠. 정부에서는 남북교류를 위해 어떤 지원과 정책을 추진해야 한다고 보십

니까?

[김영록] 앞서 말씀드렸듯이 위기만 불러오는 대결정책을 벗어나서, 5·24조치도 철회하고, 개성공단도 빠른 시일 안에 재가동해야 합니다. 정부의 역할은 매우 중요하지만, 단시일 내에 정부의 기조를 전면적으로 수정할 수는 없다고 하더라도, 최소한 민간채널만은 시급히 복원해서 상대방의 의중을 직접 논의할 수 있도록 해야 할 것입니다.

Q: 이처럼 대북지원 등 남북교류가 통일이 필요한 이유, 중요성 등에 대해 말씀해 주신다면요?

[김영록] 네! 통일이 되어야 분단비용절감, 물류혁신 등 우리 경제가 재도약할 수 있다는 등 여러 주장들이 있습니다만, 이건 부수적인 경제적 결과물입니다. 저는 무엇보다 평화라고 생각합니다. 외세와 정치세력의 필요해 의해 분단이 탄생하고, 70년 이상을 유지되어 왔잖아요. 그 분단체제가 남북 간의 적대감을 넘어서 우리 사회내부의 불신과 갈등을 키워내고 누구도 믿을 수 없는 불신사회를 만들었습니다. 남북교류 초기 북한에도 '사람이 살고 있었네.'라는 지극히 상식적인 깨달음을 얻었던 것처럼, 남북의 만남 속에서 평화를 얻을 수 있습니다.

Q: 지난달로 박근혜 정부에서 개성공단 전면 중단 조치를 내린 지 1년이 지났습니다. 개성공단 전면 중단 조치에 대해 어떻게 보시는지요?

[김영록] 개성공단의 역사는 남측 중소기업인에게 가장 중요한 곳이기도 하지만, 남북교류와 협력사업의 상징적인 곳이기도 합니다. 개성공단 폐쇄는 북핵을 해결하는 실제적인 효과를 볼 수 없습니다. 개성공단은 단순한 공업단지가 아니죠. 2000년 6·15선언 이후 어렵게 만들어 온 남북의 역사입니다. 2004년부터 시작되어 13년을 이어온 개성공단의 역사는 앞에서 강조했지만 중요한 통일의 과정입니다. 경제적인 측면도 있지요. 2013년 개성공단이 162일 동안 중단되었을 당시에도 우리 기업의 피해는 1조566억 원이었습니다. 1년이 지나고 있습니다. 민간의 피해는 상상 이상입니다.

Q: 이사장님께선 앞으로의 남북교류 사업 등 우리민족에서의 역할이 중요할 것 같습니다. 계획을 비롯해 포부 한 말씀 해 주시겠습니까?

[김영록] 네! 박근혜 정부 탄핵 국면과 촛불의 힘을 통해서 조기대선이 가시화되고 있는데, 정권교체를 통해 새롭게 출범

하는 정부는 개성공단 재개 등 전향적 대북정책을 펼쳐나가야 합니다. 앞서 말씀드렸듯이 남북관계는 정부와 민간이 함께 힘과 지혜를 모아나갈 때 시너지 효과를 볼 수 있습니다.

사단법인 우리민족은 광주전남 시·도민들과 함께 남북교류 정상화와 인도적 대북지원, 그뿐만 아니라 다양한 사회문화교류까지 최선의 노력을 기울여 나가겠습니다. 또한, 동북아 한민족이 함께 한반도의 평화통일을 위해 힘을 모아나갈 수 있도록 중국 조선족, 일본 조선학교, 러시아 고려인 등 교류사업도 활발하게 전개해 나가겠습니다. 오늘 사단법인 우리민족을 알리는 계기가 되어 이남재 선생님 인터뷰 감사합니다.

김영록's PROPOSE